西藏重点产业人才发展战略研究

黄宁燕　著

科学技术文献出版社
SCIENTIFIC AND TECHNICAL DOCUMENTATION PRESS
·北京·

图书在版编目（CIP）数据

西藏重点产业人才发展战略研究 / 黄宁燕著. —北京：科学技术文献出版社，2017. 12（2018.7重印）
ISBN 978-7-5189-3650-2

Ⅰ. ①西…　Ⅱ. ①黄…　Ⅲ. ①人才培养—研究—西藏　Ⅳ. ① C964.2

中国版本图书馆 CIP 数据核字（2017）第 289490 号

西藏重点产业人才发展战略研究

策划编辑：周国臻　　责任编辑：李　鑫　　责任校对：文　浩　　责任出版：张志平

出 版 者　科学技术文献出版社
地　　址　北京市复兴路15号　邮编 100038
编 务 部　(010) 58882938，58882087（传真）
发 行 部　(010) 58882868，58882874（传真）
邮 购 部　(010) 58882873
官方网址　www.stdp.com.cn
发 行 者　科学技术文献出版社发行　全国各地新华书店经销
印 刷 者　北京虎彩文化传播有限公司
版　　次　2017 年 12 月第 1 版　2018 年 7 月第 2 次印刷
开　　本　710 × 1000　1/16
字　　数　94千
印　　张　6.75
书　　号　ISBN 978-7-5189-3650-2
定　　价　32.00元

前言 Preface

“十二五”时期特别是党的十八大以来，西藏自治区经济、社会快速发展，各项事业都取得了令人瞩目的新成绩——经济持续快速增长，经济总量突破1000亿元，人均地区生产总值超过30 000元，基础设施显著加强。然而，我们必须清醒地看到，当前西藏的发展面临一些新的形势：中国经济发展进入新常态；国家全面实施创新驱动发展战略；“十三五”时期中国要完成全面建成小康社会的目标；国家扶贫攻坚进入决胜阶段；国家推进“一带一路”倡议等。2015年10月中央第六次西藏工作座谈会提出“依法治藏，富民兴藏，长期建藏，凝聚人心，夯实基础”20字方针，为西藏未来的发展指明了方向。因此，西藏在“十三五”阶段的发展至关重要。如何面对新的挑战，将决定西藏未来发展的方向，决定西藏的长期稳定，以及经济是否能够持续增长。

虽然西藏位于我国西南边陲，但其在国家整体战略中却具有超出一般地区的特殊地位。习近平总书记提出“治国必治边，治边先稳藏”的重要战略思想，可见西藏的地位及其稳定和发展将关系国家的总体战略。自1995年以来，国家实施了对口援藏机制，推动了西藏经济20多年来一直保持两位数高速增长，且经济增长速度高于全国平均水平。然而尽管如此，由于基础差，以及西藏是我国最后一个脱离计划经济的区域，到目前市场经济相对其他地区落后很多等综合因素影响，导致西藏发展，尤其是产业发展长期滞后于全国。从数据中我们清晰看到，在西藏的经济增长拉动中，产业经济对地区的经济贡献率仍非常低，这对西藏长期稳定发展极为不利。国家将继续对西藏进行持续援助是确信无疑的，然而在新形势下援藏规模是否能够像过去的20年那样持续大幅增长，则无法估量。但是可以肯定的是，通过发展产业实现西藏长期稳定，则是实现国家“长期建藏”目标所绕不开的。因为，如果没有产业经济支撑，西藏经济发展便不具有长期可持续增长性。经济是否可持续增长关系西藏地区持续稳定及“长期建藏”目标的实现。同时，由于基础差、起点低，对于西藏产业发展，不解决各产业所需求的基本人才问题，西藏产业则无从发展。因此，人才是关系西藏产业发展的第一要紧事情，而产业发展又是关系西藏长期稳定发展的第一要紧事情。

产业发展是为满足经济发展的需求，经济发展是为满足生存和发展的需求。产业发展离不开必要的人才支撑，对于产业发展而言每一类人员都是不可或缺的，各类人才在企业内部形成一个协同工作的生态群体。产业发展对人才的需求主要包括创业人才、创新人才（科技人才）和基础性劳动力。创新人才与科技人才的区别是服务于产业和经济发展目标。今天，国家开始全面实施创新驱动发展战略，科技规划向创新规划转变，“科技人才”已经不再局限于从事科学研究工作的人员范畴，而是包含了在创新驱动发展战略新形势下创新人才的新内涵。从一定意义上讲在今天的新形势下原先的科技人才已经从属于目前创新人才的大范畴。

产业发展需求与人才供给之间的矛盾是所有地方经济发展中普遍存在的问题。然而，西藏在地理、文化、发展基础、战略地位等方面的特殊性，使其在产业需求与人才供给方面具有别于其他地区的一些特殊突出性问题。为促进经济社会发展和国家创新驱动发展战略的实施，国家出台了一些与科技人才相关的政策，如《国家科学技术奖励条例》《国家中长期科技人才发展规划（2010—2020年）》等。我国地域广阔，各地情况不同，统一的政策不能很好地促进欠发达地区的发展。西藏是藏族人口占绝大多数的民族自治地区，国家对西藏提出了经济和社会跨越式发展目标，由于其诸多特殊性的存在，对于西藏在产业需求与人才供给方面的问题特别需要进行深入关注和研究。但目前来看，无论是学术界研究，还是自治区和国家层面，对与西藏产业发展相关的人才问题研究都少有涉及，关注度极为不足，相关研究状况和政策关注度与西藏的特殊战略地位和产业人才发展的重要性不相匹配。这必定无法满足西藏经济社会发展及国家20字方针战略对相关理论支撑的迫切需求。因此，本书试图对此开展一些较为深入的理论和政策性研究、探索。

为配合国家总体战略及西藏自治区“十三五”规划和科技发展“十

三五”规划，中国科学技术信息研究所与西藏自治区科学技术信息研究所于2015—2016年联合开展了西藏软科学计划研究项目——“西藏重点产业科技人才发展战略研究”。本书内容主要来自该项目的研究成果。尽管目前学术界对于西藏及其他落后地区人才问题的讨论很多，然而本书关注的角度与以往不同，并非泛泛而谈，而是提纲挈领，其是一个主“纲”是关注关系西藏未来发展的重点产业，第2个“纲”是关注支撑重点产业发展的人才。尽管关注西藏发展的研究很多，但是从目前而言，在以前尚没有从类似的观察角度出发的研究。我们认为，这样的角度抓住了西藏发展的关键问题，这使得人才问题有坚实的落脚点，牵住了西藏发展的“牛鼻子”。

欲求解决之道，首先，要判断其基本状况、发展所处阶段；其次，要分析主要问题所在；再次，要判断解决问题之可行性；然后，要把握主要矛盾，做出总体判断；最后，要以此为基础，寻求为政府提供决策参考的解决方案。本书首先对西藏经济、社会、产业和人才发展做出了详细分析，获得西藏地区总体与我国其他地区不处于一个发展阶段的基本判断。由于国家多年来大面积“输血”带动其发展，从经济总量看，目前西藏大体已经处于工业化中期阶段，然而从产业发展水平看，西藏仅处于工业化初期阶段，西藏总体人才水平也是处于初级阶段，且产业人才水平低于总体水平。可以说，西藏目前的人力资本结构与产业结构并未为其当前由投资和转移支付拉动的经济发展做好准备，与未来的经济发展需求更是相差甚远。本书针对面向支撑西藏经济社会可持续发展的重点产业发展需求人才供给，并在可行性研究的基础上，提出采用“精准思维”解决当前所面临矛盾和问题的总体思路，制定了包含三个主层面和两个辅助方面的精准人才战略，分别面向自治区和国家层面提出战略层面、政策层面和措施层面的具体建议。

本书分为三个大部分：第一部分由第1章、第2章、第3章组成，是对西藏发展面临的背景、现状和突出问题的系统梳理和分析；第二部分由第4章组成，借鉴了国外和我国西部兄弟地区的发展经验；第三部分由第5章和第6章组成，在对西藏解决人才问题可行性和科技人才供给策略进行了详尽研究和分析的基础上，提出了以“精准思维”解决现阶段西藏产业和科技人才发展问题的思路，并分别从战略层面、政策层面和措施层面为地方及中央政府提出了大量实施建议。

本书项目组组织开展了广泛而深入的调研活动，召开专家座谈会，开展调研访谈，发放基于网络的问卷调查，收回有效问卷调查表386份（问卷调查表及描述性分析详见附件）。感谢西藏自治区科技厅领导和相关管理部门对于开展该项目研究给予的指导及大力支持。感谢西藏自治区科学技术信息研究所前任所长高志勇及现任所长次仁罗布对课题研究的合作与支持。感谢课题主要参与人员次仁罗布、乌云其其格、达娃、刘兰、陈莎莎、段晶等。感谢次仁罗布所长在课题组成员进藏调研期间进行的精心组织和安排。感谢所有参与问卷调查的领导、学者及企业代表。特别感谢中国科学院地理科学与资源研究所高原生态研究资深研究员张献洲、余成群老师，中国科学院科技战略咨询研究院袁志彬老师。由于项目研究时间短，经费有限，加之项目组水平有限，研究不足之处在所难免，敬请广大读者批评指正。

目 录 Contents

第1章 背景研究

一、西藏未来发展面临的新形势

2015年10月召开的“中央第六次西藏工作座谈会”提出了“依法治藏，富民兴藏，长期建藏，凝聚人心，夯实基础”20字方针，全面体现了习近平总书记对西藏未来发展的顶层考虑，是其“治国必治边，治边先稳藏”战略思想的具体体现。这使西藏的发展站在了新的历史起点上。如何具体落实20字方针，是西藏未来发展必须接受的挑战和完成的艰巨任务。这也是自治区和国家两个层面都需要深入思考的大课题。

西藏的发展离不开国家总体战略布局。西藏必须正视未来发展面临的新形势：中国经济发展进入新常态；国家全面实施创新驱动发展战略；“十三五”时期中国要完成全面建成小康社会的目标；国家扶贫攻坚进入决胜阶段；国家推进“一带一路”倡议等。

今天，中国经济发展的阶段性特征——经济新常态。习近平指出，“十三五”时期我国经济发展的显著特征就是进入新常态。中国经济新常态具有三个主要特征：一是从高速增长转为中高速增长；二是第三产业消费需求逐步成为主体；三是从要素驱动、投资驱动转向创新驱动。我国经济上行压力非常大，动力不足，“十三五”时期GDP增长预期将回落至6%~6.5%。“十三五”已经成为中国经济发展的一个关键时期——既面临经济新常态，又是全面建成小康社会和步入创新型国家的决胜阶段。为应对经济新常态，国家已经开始全面实施创新驱动发展战略，提出“大众创业、万众创新”的口号，推动科技人才向创新人才的转变。

国家“十三五”规划纲要确定了我国现行标准下农村贫困人口实现脱贫、贫困县全部摘帽、解决区域性整体贫困的目标。农村贫困人口脱贫是我国全面建成小康社会的一个突出短板，西藏农村贫困人口脱贫又是“短板”里的“短板”。多年来，尽管西藏贫困人口逐年减少，“十二五”期间西藏贫困人口由 2011 年初的 117 万人减少到 2014 年底的 69 万人，有 10 多万贫困人口住上了安全适用的住房（国务院新闻办公室白皮书，2015），然而脱贫任务仍然十分艰巨：贫困人口占到全区总人口的 21%，所占比例依然很高。此外，西藏 2020 年还要与全国一道全面进入小康社会，西藏承担着对国家实现发展目标最为艰巨和关键的任务。

西藏还承担着对接国家“一带一路”倡议和孟中印缅经济走廊战略的任务。根据《推动共建丝绸之路经济带和 21 世纪海上丝绸之路的愿景与行动》总体设计，西藏是中尼贸易与旅游文化合作的重要门户。西藏西北方向与“丝绸之路经济带”相对接，正南方向与“21 世纪海上丝绸之路”在南亚沿海地带相交汇，这一地理区位对国家对外开放总体战略具有独特意义。唐宋时期兴盛的茶马古道，使民间贸易经西藏绵延至南亚、中亚、西亚等地，曾经促进过西藏贸易繁荣。今天，“一带一路”这个惠及全球半数人口的倡议，为西藏带来了新的发展机遇，也对西藏的自生发展能力提出了新的要求。西藏能否承担起国家赋予的战略任务，是对西藏未来发展方式的挑战。

必须清醒地看到，目前西藏的 GDP 和居民收入增长主要依靠国家的财政补贴。改革开放以来，随着我国国力的不断增强，中央政府对西藏发展的扶持力度一直在大幅度增加。20 年来西藏 GDP 一直呈两位数增长态势（1994—2014 年西藏地区国民生产总值年平均增长速度为 12.6%），然而，其中大部分是靠国家投资和补贴来拉动的，而西藏自生发展能力仍处于较低水平。根据 2015 年发表的《西藏发展道路的历史选择》白皮书显示，1952—2013 年，中央政府对西藏的各项财政补助达 5446 亿元，占西藏地方公共财政支出的 95%。20 多年的援藏项目投资使得西藏的许多基础设施都从无到有并加速改善，跨越了许多内地地区几十年的发展阶段。然而，随着基础设施的完善，未来西藏经济发展还能继续靠项目推动吗？这显然也是不可能的。“给资金”一直是以往促进西藏经济增长的主要方式，在中国经济新常态下，中央政府给西藏的转移支付援助是否还会维持以往的速度高速增长？对此我们不敢妄加评论。

然而有一点是肯定的：过度依赖国家财政转移支付的经济增长不是正常健康的发展之路，并且是不可持续的。援藏时间再长也会是暂时的。长期依靠国家财政补贴收入的发展绝非西藏长远之计，不具有可持续发展性。只有使西藏具备自生发展能力才是未来实现“长期建藏”目标的可行之路。

二、产业——西藏落实国家战略及未来长期稳定发展第一要紧的事情

西藏自生发展能力必须依靠产业的发展。在经济高速增长的同时，西藏产业的发展却严重滞后。从数据来看，客观地说西藏产业发展目前基本处于相当薄弱的地位。

图 1-1 显示了西藏从 1995—2015 年地区生产总值（GDP）与财政收入增长状况。

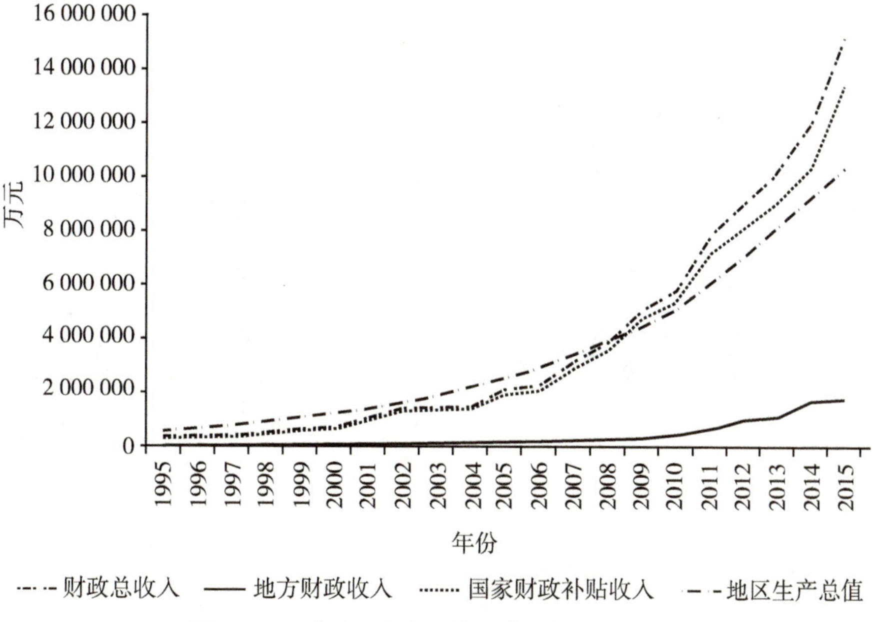

图 1-1 西藏地区生产总值和财政收入增长状况

数据来源：《西藏统计年鉴 2016》。

由图可见，20 年来西藏 GDP 高速增长，国家财政补贴收入也是高速增长，二者高度正相关。从 2008 年开始，国家财政补贴收入和财政总收入甚至超过了地区生产总值。财政收入超过了 GDP，这样的结构在我国所有地区的经济中是独一无二的。形成鲜明反差的是西藏地方财政收入增长

极其缓慢，几乎与前二者无相关。长期以来，西藏地方财政收入占财政总收入的比例仅约为10%（图1-2）。根据《西藏统计年鉴2016》公布的最新数据：2015年西藏地方财政收入175.8亿元，仅占到财政总收入的11.7%；而国家财政补助收入达1331.1亿元，占财政总收入比重高达88.3%。地方财政收入总量本身就非常低，而其中来自各项税收的比重仅为52%，刚超过一半，其他则来自国有资源（资产）有偿使用、行政事业性收费等。各项税收中来自企业的也只占一部分。这从侧面反映了产业在西藏经济发展中所占比例确实非常低。

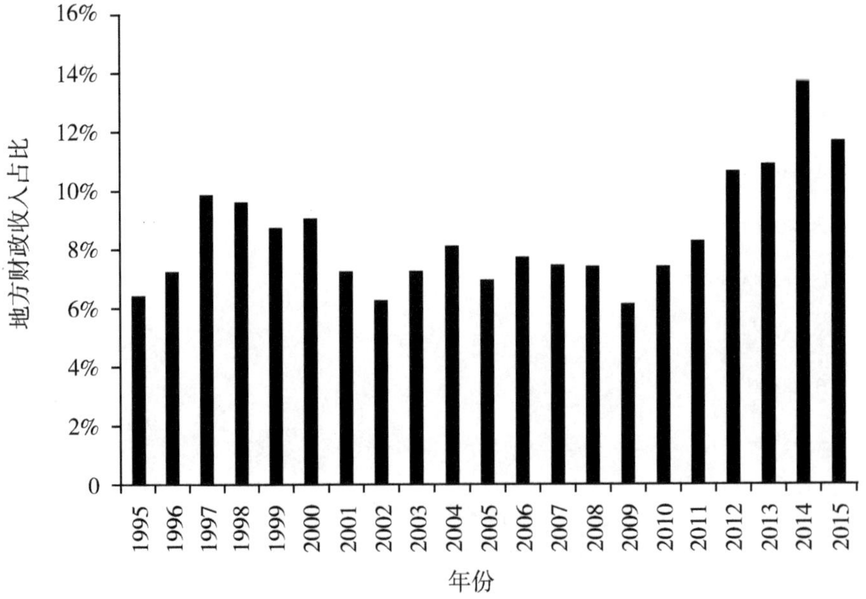

图1-2　西藏地方财政收入占财政总收入比例

数据来源：《西藏统计年鉴2016》。

据统计资料计算表明，从西藏和平解放至2015年底，中央财政补贴与工业产值之间的相关系数为0.982 9，中央财政补贴与工业企业财政贡献能力之间的相关系数为-0.6439，而工业产值与工业企业财政贡献能力之间的相关系数为-0.5696。这表明工业产值增长与中央财政补贴呈高度正相关关系；而中央财政补贴与工业企业财政贡献能力、工业产值与工业企业财政贡献能力之间都是呈负相关关系。这表明，中央的资本注入是推动西藏工业化发展的动力源泉，工业企业财政贡献能力与中央财政补贴及工业产值增加几乎无关。也就是说，工业企业的生存与发展长期依赖中央财政补贴。

西藏目前确定的目标是到2020年农牧民人均纯收入接近全国平均水平，以实现全面建成小康社会的奋斗目标。实际上，虽然西藏农牧民人均纯收入占全国农村居民纯收入的比值在不断增加，但两者之间的绝对差值已由2001年的922元拉大到2014年的2533元。有专家预测，按目前速度，到2020年西藏农牧民人均纯收入只能达到全国水平的84%。因此，西藏农牧民收入将会拖全国的后腿。这必定会影响十八大要求到2020年全国全面建成小康社会的目标的实现。

要确保居民有稳定的收入来源必须靠就业，而就业必须主要靠产业。没有产业，地方政府便没有稳定的地方财政收入，地方居民也没有长期稳定的收入增长来源，社会不可能稳定、和谐。一个地方如果没有自身的支柱产业支撑经济发展，而长期靠外部补贴，经济、社会发展必定是畸形的，思想、行为方式和民风会随之变得畸形，社会不稳定因素会逐渐聚积。

西藏"十三五"规划纲要确定了城镇新增就业人口年均增长大于20%的目标。可以确定的是，如果没有产业接纳就业，这个目标肯定是无法实现的。没有产业支撑，西藏将不可能完成全面建成小康社会的任务；没有产业，中央不可能实现"长期建藏、稳定边疆"的战略目标；没有产业，西藏也将无法对接国家"一带一路"倡议。可以说，西藏的产业发展，关乎西藏地区民众收入的增加，关乎西藏的稳定，关乎扶贫攻坚，关乎长期建藏战略的实施。

因此，产业——西藏落实国家战略及未来长期稳定发展第一要紧事情。

三、人才——推进西藏产业发展第一要紧的事情

西藏自然资源和人文资源富集，然而其他一些生产要素都大量缺乏，尤其是人才要素与现代产业发展的要求差距最大。根据《中国统计年鉴

2015》，西藏15岁及以上文盲人口占15岁及以上人口的比重高达39.93%，同为欠发达地区的青海仅为13.12%，全国平均水平是4.92%。这说明，对于西藏产业发展来说，人才问题最为严峻。

当地熟练劳动力及科技和管理人员能否满足企业需要，是企业家在选择厂址时考虑的重要因素。发展产业，需要许多要素，如劳动力、资金、技术、资源、发展环境、基础设施、市场体系等，但其中最重要的要素则是劳动力，更确切地说是与产业相关人才的供给。人力资源与地区产业发展息息相关。如果不能找到可以支撑产业发展的人才，这个地区资源再富集，资本再充足，市场再好，产业也是无法发展起来的。

因此，人才——推进西藏产业发展第一要紧的事情。

[基本判断]

(1) 在经济新常态下，中央未来虽然还会继续补贴西藏发展，但可以预见将来援助增长速度将不可能完全按照原来的规模，方式长久进行下去了。

(2) 西藏从大面积“输血”到部分“造血”转变，“十三五”时期已经到了一个可以开始进行全面转变的时期。

(3) 西藏要在“十三五”时期与全国一道全面建成小康社会，要求经济社会发展绝对不能再走过度依靠财政转移支付的老路，产业发展应当成为今后着力推进的重点。

(4) 产业发展首要靠人才支撑，产业和人才问题将直接关系到西藏未来的长久发展与稳定。

第2章　西藏经济、社会、产业和人才发展状况研究

第1节　西藏经济发展所处阶段研究

当前西藏经济属于哪个发展阶段，是考察西藏产业和人才发展问题的基础。纵观中国经济发展目前所处的阶段，国家已实现总体小康，正处于工业文明时代向知识文明时代的过渡时期，工业化进入中后期阶段，城镇化进入加速期，人均收入达到中上等收入国家的发展水平阶段。总之，当前中国经济发展总的阶段特征是从工业化社会向后工业化社会过渡，即从钱纳里工业化阶段理论①的第四阶段向第五阶段迈进。

对于西藏，独特的历史和自然环境因素，使其经济和社会发展的起点都比较低。对此，首先我们的判断是西藏总体上与全国其他地区不处于一个发展阶段。西藏自20世纪90年代中期以来，经济持续保持了较快的发展势头，GDP连续20年实现两位数以上增长，1994—2014年平均增速达12.6%。但是，西藏与全国平均水平的差距仍很大。2014年，西藏人均GDP为2.93万元（约合4500美元），而全国人均GDP为4.66万元（约合7200美元），西藏人均水平仅为全国的2/3左右。西藏城镇化率仅为25.75%，而全国城市化平均水平为56.1%，目前还差1倍以上。即使与同为西部欠发达地区的青海省相比，西藏都有较大差距。根据2014年数据统计，西藏人口为318万人，青海人口583万人，青海人口是西藏的1.8倍；而西藏地区生产总值为921亿元，青海达到2301亿元，青海生产总值是西藏的2.5倍。

其次，从经济总量看，西藏目前大体处于工业化中期阶段。这个判断

① 钱纳里工业化阶段理论参见本节框文。

是基于西藏近几年来的客观数据所获得的。2012—2015 年西藏人均 GDP 分别约为 3652 美元、4200 美元、4500 美元和 4900 美元（数据来源：《西藏自治区“十三五”时期国民经济和社会发展规划纲要》）。根据钱纳里工业化阶段理论通过人均 GDP 对发展阶段的划分，西藏应该处于第三发展阶段——工业化实现的中期阶段。

最后，从产业发展水平看，西藏目前仅处于工业化初期阶段。如果从三产吸纳的劳动力和生产值比例结构来看，西藏与钱纳里理论阐述的工业化中期阶段特征却是不相符合的，两者之间存在突出矛盾。西藏的产业结构具有一些显著的“非常规”特征，具体分析见本章第 2 节。

根据目前地方财政收入占财政支出比例看，西藏的地区生产总值更多是来自中央及各级政府对口援藏的转移支付和政府投资拉动。也许这正是产生以上矛盾的根源。西藏农村居民家庭人均 GDP 仅为 9131 元（约合 1500 美元），城乡差别是相当大的。由于西藏发展特点的特殊性，只有提高产业产值在 GDP 当中的比例，将政府投资驱动变为产业经济驱动，使西藏成为一个具有自生发展能力的正常经济体，才能够根据经济理论判断西藏经济发展所处的真实阶段。

不管目前驱动因素是什么，西藏人均 GDP 都稳定地超过了 3000 美元。如何能使西藏可持续健康地发展，尽快缩小人均收入及经济、社会各项指标与全国平均水平的差距，才是我们应当关心的核心问题。从世界经济的发展轨迹看，一个国家或地区人均 GDP 达到 3000 美元在向高收入国家和地区行列迈进时，经济发展有许多显著的共性特征。其阶段特征表现为：经济社会的发展往往存在较大变数，人均 GDP 3000 美元的台阶往往成为分水岭。处理得当，通常会出现一个较长的经济高速增长时期，并在较短时间内实现人均 GDP 的更高突破。这一时期，如能解决好经济社会发展面临的各种问题，人均 GDP 达到更高水平的时间会逐渐缩短。

钱纳里工业化阶段理论

钱纳里根据人均国内生产总值，将不发达经济到成熟工业经济整个变化过程划分为三个阶段六个时期，从任何一个发展阶段向更高一个阶段的跃进，都需要通过产业结构转化来推动。

第一阶段是不发达经济阶段或工业化起始阶段。产业结构以农业为主，没有或极少有现代工业，生产力水平很低。

第二阶段是工业化初期阶段。产业结构由以农业为主的传统结构逐步向以现代化工业为主的工业化结构转变，工业中则以食品、烟草、采掘、建材等初级产品的生产为主。这一时期的产业主要是以劳动密集型产业为主。

第三阶段是工业化中期阶段。制造业内部由轻型工业的迅速增长转向重型工业的迅速增长，非农业劳动力开始占主体，第三产业开始迅速发展，也就是所谓的重化工业阶段。重化工业的大规模发展是支持区域经济高速增长的关键因素，这一阶段产业大部分属于资本密集型产业。

第四阶段是工业化后期阶段。在第一产业、第二产业协调发展的同时，第三产业开始由平稳增长转入持续高速增长，并成为区域经济增长的主要力量。这一时期发展最快的领域是第三产业，特别是新兴服务业，如金融、信息、广告、公用事业、咨询服务等。

第五阶段是后工业化社会阶段。制造业内部结构由资本密集型产业为主导向以技术密集型产业为主导转换，同时生活方式转为现代化，高档、耐用消费品被推广普及。技术密集型产业的迅速发展是这一时期的主要特征。

第六阶段是现代化社会。第三产业开始分化，知识密集型产业开始从服务业中分离出来，并占主导地位。人们消费的欲望成现出多样性和多边性，追求个性。

钱纳里工业化阶段理论人均收入前5个阶段（人均GDP）

	工业化起始阶段	工业化实现阶段			后工业化阶段
		初期阶段	中期阶段	后期阶段	
人均GDP（1970年/美元）	140~280	280~560	560~1120	1120~2100	2100以上
人均GDP（1996年/美元）	620~1240	1240~2480	2480~4960	4960~9300	9300以上
人均GDP（2007年/美元）	748~1495	1495~2990	2990~5981	5981~11 214	11 214以上

根据钱纳里工业化阶段理论，人均 GDP 达到 3000 美元在向高收入国家和地区行列迈进时，经济发展呈现一些显著的共性特征。①发展方向的特点：人均 GDP 达到 3000 美元往往会成为一个国家或地区发展的分水岭，其经济社会的发展存在较大变数，处理得当，则会出现一个较长的经济高速增长时期，并在较短时间内实现人均 GDP 的更高突破；②产业结构的特点：第三产业上升为主导产业。随着人均收入水平的提高，第一产业在 GDP 中的比重将呈明显下降趋势，产业结构的重心向第二、第三产业转移。

[基本判断]

（1）西藏经济与全国经济平均水平差距较大，目前不处于一个发展阶段。

（2）从经济总量看，西藏经济目前正处于从工业化中期阶段向更高级阶段迈进的过渡时期。

（3）处理好经济增长的驱动力及经济发展存在的主要矛盾，西藏未来发展的空间还是很大的。

（4）西藏所处的经济阶段和发展矛盾特别要求产业发展的支撑，通过产业拉动经济增长。

（5）西藏目前发展的驱动力是政府投资拉动，其所处的经济发展阶段要求逐步变政府投资拉动为产业驱动。

第 2 节　产业发展现状研究

一、产业结构特征分析

根据统计数据，西藏 2014 年第一、第二、第三产业从业人口比例分别为 43.7%、14.7%、41.6%，第一、第二、第三产业生产总值比重为 9.9%、36.6%、53.5%。从数据可见，第一产业吸纳劳动力数量多，产值却非常低；

第二产业相反，吸纳劳动力数量很少，对产值贡献率却较高；第三产业吸纳劳动力和产值都很高。即第一产业和第三产业吸纳劳动力数量差不多，但第一产业产值却低很多；第二产业产值相对较高，而吸纳劳动力数量偏低。

除以上显著特征，我们通过历年统计数据对比，发现西藏的产业结构发展过程还呈现出以下一些显著的“非常规”特征：

（1）西藏三次产业发展历程缺乏第二产业的高速增长过程，第二产业在西藏三次产业变动过程中一直处于非主导弱势地位。按三次产业的发展规律，一般首先是第一产业的发展，其次是第二产业的发展，亦即工业化的过程，最后在第一、第二产业充分发展基础上，是第三产业的发展。西藏产业发展很特别，产业结构演变历程不同于其他地区。1997 年三大产业在西藏地区生产总值中的构成实现了由“一三二”向“三一二”的转变，2003 年又实现了向“三二一”的转变。没有形成过“二三一”或“二一三”的产业结构。第三产业在 GDP 中的比重一直处于上升趋势。第二产业尤其是工业一直徘徊，没有过明显的增长。第二产业从来没有跃居过三大产业之首，且长期处于末位，直到 2003 年才首次超越第一产业排名第二。

（2）西藏第三产业产值比重超过 50%（拉萨市第三产业比重甚至超过了 70%），比重仅次于北京和上海。按照产业发展的一般规律，认为第三产业占 GDP 比重超过 50%是进入一个比较发达的经济社会的标志，是所谓的“后工业社会”的特征。但对于西藏目前比重最高的第三产业对整个地区经济的拉动作用并不太明显，这可从地方财政收入增长缓慢可以看出。关于西藏第三产业持续上升的原因，有资料表明，西藏第三产业增加值中有 6%左右来源于中央财政补贴。西藏第三产业比重存在与其实际发展水平不符的问题。

（3）第二产业不但长期处于发展的弱势地位，而且基础异常薄弱，结构严重失衡。在第二产业 36.6%的经济贡献中，80%都是来自建筑业，工业产值仅占到 20%。建筑业对第二产业发展起到了支撑性作用。从 1994 年对口援藏实施以来，建筑业产值对经济的贡献从 9.7%一直是持续提升，2014 年达到 29.4%，远远超过其他行业，成为西藏的第一大支柱产业①。

① 一般来说，某个产业的增加值占到当地 GDP 总量的 5%，即可称为支柱产业。

而同期西藏工业产值所占比重一直在7%~8%徘徊。而全国的情况则相反，第二产业中工业产值所占比重平均为84%（2014年数据）。这说明西藏第二产业发展存在明显的结构性问题。这也是对中央投资主要集中在西藏基础建设方面的反映。西藏地域辽阔，交通、边境、能源、水利基础设施建设需求巨大，在对口援藏支持下，城镇化、信息化加快推进，投资一直保持较高速度增长，在第二产业发展中，中央财政转移支付和政府投资拉动的作用非常明显。2015年，西藏二产中制造业从业人员占13.3%，而建筑业从业人员占第二产业从业人员数的70.6%。国家对西藏的投资将会继续增长，预计西藏投资2020年将达到3000亿元，建筑业会进一步巩固其西藏第一大支柱产业的地位。

（4）就业结构与产业结构偏离。据有关研究测算，1978年西藏三大产业GDP结构为50.7%、27.7%、21.6%，就业结构为82%、5.9%、12.1%，经济结构偏离度为52.6；2008年各大产业GDP结构为15.3%、29.2%、55.5%，就业结构为54.7%、10.45%、34.9%，经济结构偏离度为78.75。西藏劳动力结构产值与GDP结构偏离度增大说明，随着经济的增长，就业结构与产业结构出现严重偏离。表明劳动力未随产业结构转换实现转移，大量剩余劳动力存于农牧区。由于第一产业的劳动力是平均受教育年限低、无专业技能的一般体力型人力资源，导致农业现代化进程缓慢，制约了整个产业结构的升级。

（5）第三产业虽然逐年升高，但非生产性的公共管理和社会组织人员所占比例畸高，2008年年末，西藏公共管理和社会组织从业人员占全年单位从业人员总数的40.7%，比全国高出32.5%。

（6）三大产业结构内部不协调，第三产业与第一、第二产业的相关度不高。

从这些“非常规”特征分析中我们得出，尽管从人均GDP来说西藏已经大体进入了工业化中期阶段，但是从产业发展角度来讲，实际上仍处于工业化初级阶段的结论。因此，西藏的工业化之路还十分漫长。

二、重点产业与特色优势产业发展基本状况

重点产业是在国民经济规划中需要重点发展的产业，往往是吸纳劳动

力和对地方经济贡献具有举足轻重地位的产业。西藏要提升自生发展能力，在资金、人力有限的情况下，绝不可能什么都发展，必须要有侧重地发展重点产业，改变西藏产业发展现状，解决就业和经济增长。

在重点产业发展方面，西藏自治区近些年来实施了“一产上水平、二产抓重点、三产大发展”的经济发展战略。

“一产上水平”就是积极推进农牧业产业化经营，提高农牧产品深加工率和附加值，开发具有一定科技含量、高附加值、自主知识产权的特色产品，重点是延伸产业链条、增加农业开发边际效应，实现传统农牧业向现代农牧业的转型。农牧业是西藏的基础产业，但是长期以来西藏农牧业产品单一，品质较差，深加工程度低，市场竞争力弱，产值非常低。不过近些年来，西藏特色农牧业产业化发展也呈现出一些较好的势头。青稞、牦牛等高原“种养”加快发展，净土健康产业、设施农牧业、生态林果业兴起。林芝、天麻、日喀则、岗巴羊等获国家地理标志产品保护。目前自治区级农牧业产业化龙头企业产值为23.2亿元，产业化经营率38.6%。

“二产抓重点”就是坚持在特色优势产业领域开展有重点、有突破性的创新工作，在资金和政策上给予支持，推动企业发展，发挥高新技术企业和科技型中小企业在技术创新中的主体地位和作用。近年来，西藏园区经济得到快速发展。2014年二产增加值为336亿元、增长13.5%。拉萨国家级经济技术开发区上缴税收46亿元。藏青工业园招商引资项目近100个，入园企业103家，实现产值17.8亿元，有望成为新的经济增长点。天然饮用水产业签订战略投资合作项目16个，总投资36亿元，产量突破30万吨，已成为新的经济增长点。

“三产大发展”就是加快发展现代旅游业，做大做强文化创意产业，搞活商贸物流，提升金融业服务水平，培育壮大现代服务业。西藏的旅游文化产业得到快速发展。经国务院批准，文化部、国家旅游局和西藏自治区人民政府共同举办的首届中国西藏旅游文化国际博览会打响了“人间圣地·天上西藏”品牌，大昭寺景区被评为国家5A级旅游景区，搭建了西藏旅游文化开放合作交流的综合性高端国际平台。2014年西藏全年接待游客累计1553万人次，旅游总收入204亿元，分别增长20.3%、23.5%。文化产业产值27亿元、增长12%。青藏铁路完成客运量238.1万人次、货运量508.7万吨，分别增长14.1%、7.6%，航空旅客吞吐量315万人次、增长14.2%。通信业务总量45亿元，邮政业务收入4亿元。此外，电子商务等现代服务业也在不断地发展壮大。（数据来源：《2015年西藏自治区政府工作报告》）

特色产业是一个地方所拥有的一种或几种独特的或特有的生产要素，如自然资源、风俗文化、工艺技术、地理环境、市场集散、经营管理、技能人才等方面的优势，通过市场主体形成的具有本地特色和市场核心竞争力的产业或产业集群。优势产业是指在市场竞争中具有较强比较优势的产业。如果特色产业在未来吸纳劳动力和对地方经济贡献上具有举足轻重地位的话，就应当作为重点产业来发展。发展特色优势产业就是形成以特色资源为基础、特色产品为核心、特色品牌为支撑和具有强大竞争力的规模经济，逐步做大、做强、做优。

习近平总书记2011年在庆祝西藏和平解放60周年大会上的讲话指出："西藏要总结回顾实施西部大开发战略以来西藏的探索和实践，以构建特色产业大区为战略目标。"[①] 西藏特殊的自然条件，独特的地理气候特征，造就了西藏丰富多彩的高原生物种类，孕育了许多独具特色的农作物品种和畜禽品种。开发利用西藏特色优势资源是西藏增强自生发展动力、保持持续发展后劲、增加广大群众收入、提高人民生活水准的重要基础。近年来，西藏把大力培育特色优势产业作为加快转变经济发展方式和提高自我发展能力的重要途径。特色优势产业正成为西藏经济发展的新引擎。只有发展特色，才能使西藏农畜产品具备较强的竞争力。

发展西藏特色优势产业经济，促进资源优势向产业优势和经济优势转化，是一项新的系统工程。《西藏自治区"十三五"时期国民经济和社会发展规划纲要》最新确定旅游业、文化、金融、商贸物流业、清洁能源、天然饮用水、民族手工业、藏医药、新型建材和矿产业作为未来五年的特色优势产业。

然而，从目前发展水平和资源潜力来看，西藏各重点产业及特色产业提升的空间都很大。以西藏地区的旅游业为例，基本还处于传统状态，可

① 习近平：在庆祝西藏和平解放60周年大会上的讲话，新华社拉萨，2011年7月19日电。

重点通过信息化进行产业提升。但是，需要考虑的是，尽管西藏特色资源丰富，但是自然资源、矿产资源储量有限，有可开发储量问题。一旦产业化就会面临数量不足、破坏生态的问题。因此，在西藏靠自然资源发展产业需要考虑更多的约束条件。西藏是能源比较丰富的地区，特别是太阳能、水能、地热能等，但能源在国民经济发展和人民群众生产与生活水平提高方面的作用并没有得到充分发挥。

重点产业问卷调查

关于哪些应当作为西藏重点产业发展，本项目进行了问卷研究调查，从未来吸纳西藏地方的就业数量和未来对地方经济发展的贡献期望两个角度设立了专门问题。被调查者认为西藏应当着力支持的重点产业为：1. 旅游文化产业；2. 藏医药产业；3. 新能源产业；4. 农牧业。

问题	调查结果
1. 从未来吸纳西藏地方的就业数量来讲，您认为以下产业的顺序可能是	1. 旅游文化产业；2. 农牧业；3. 藏医药产业；4. 新能源产业；5. 其他产业
2. 从未来对地方经济发展的贡献期望来讲，您认为以下产业的顺序是	1. 旅游文化产业；2. 藏医药产业；3. 农牧业；4. 新能源产业；5. 其他产业
3. 基于以上两者判断，您认为西藏自治区政府应当着力推动以支撑自治区经济社会长期、可持续发展的重点产业为	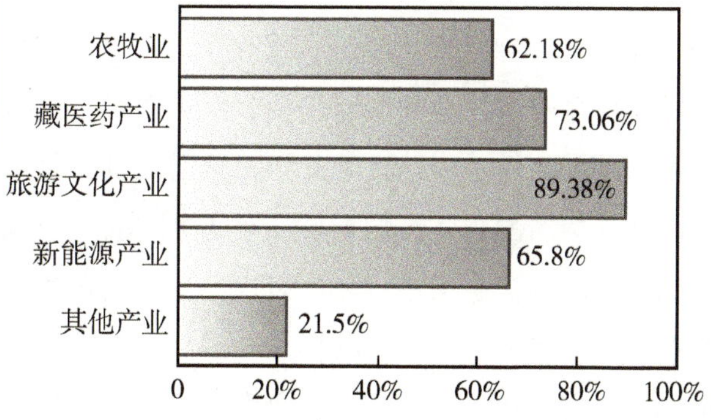

三、企业基础及创新发展能力分析

从产业主体看，西藏目前的企业基础及创新发展能力非常薄弱。受历史、市场规模、经济环境等因素的制约，西藏的发展长期依赖中央财政支持与兄弟省份的对口援助，自身“造血”能力比较低。西藏地区尚没有大型、特大型企业，主要以中小企业为主，而且企业数量相对也非常少。2014 年规模以上工业企业仅有 97 家，其中亏损企业 27 家，从业人员仅有 19 829 名。规模以下工业企业仅有 666 家，建筑企业有 172 家。

非公有制经济的快速发展。原先西藏的企业以国有企业为主，数量非常少，吸纳劳动力非常有限。经过近 20 年的发展，西藏非公有制企业得到发展，劳动力吸纳能力有所增强。非公经济体中的中小企业数量多，大多为劳动密集型企业，就业容量广，已经成为西藏全区市场经济中最活跃的经济主体。据统计，2010 年西藏非公有制经济创造就业岗位 33. 5 万个，其中个体工商业吸纳就业人员 20. 8 万人，私营企业吸纳就业人员 12. 7 万人，占全区就业人数的 75%以上。2010 年西藏非公有制经济组织上缴税收 40. 05 亿元，占西藏税收总额的 79%。到 2013 年西藏非公有制经济组织上缴税收 135. 5 亿元，占西藏税收总额的 91. 8%，年增长率达 49. 6%。2012 年，西藏非公有制经济实现的社会消费品零售总额为 184 亿元，占西藏社会消费品零售总额的 85%。这决定了其在繁荣西藏经济，改善民生中的独特作用。西藏也出现了一批在国内外具有重大影响力的企业，如 5100 矿泉水、奇正药业等，这些企业涉及医药、旅游、餐饮等行业，打破了国有经济在西藏“独”大的局面，优化了产业结构与经济结构。

随着西藏经济社会的快速发展，西藏重点产业和特色优势产业对科学与技术和创新的需求将越来越迫切。然而，目前西藏创新发展能力委实堪忧。企业是创新的主体，但西藏工业发展滞后，工业生产的生产总值低，企业没有足够的资金来进行自主研发，自主创新能力很低。西藏多数企业以生产初级产品为主，产品结构单一，尚未形成互动的产业体系，连产业雏形都还没有形成。企业的科技研发投入甚微，技术含量普遍较低。以新产品开发为例，2014 年西藏规模以上工业企业新产品开发项目数仅为 16

项，而位于倒数第二的青海为130项。新产品开发支出西藏为1752万元，而青海为99 766万元。2014年西藏专利申请量仅有18件（其中发明专利6件），而位于倒数第二的青海省为384件（其中发明专利111件）。据统计，2013年西藏非公有经济百强企业户均专利项仅1.67项，户均商标项仅0.15项。

除了企业缺乏创新的动力和活力，西藏的技术开发机构能力也极其薄弱。自治区仅仅有27家高新技术企业，自治区级科技型中小企业46家，国家级创新型企业和企业技术中心5家。根据历年《中国统计年鉴》，全国所有省区当中只有西藏没有技术市场交易数据。

从自治区的创新基础来看，西藏自身的创新能力非常弱。2014年，西藏研发人员①数量为2496人，全时人员为1074人（数据来源：《中国科技统计年鉴2015》）。西藏拥有6所高校（西藏大学、西藏民族学院、西藏藏医学院、西藏警官高等专科学校、拉萨师范高等专科学校和西藏职业技术学院），公共科研机构33家，民营科研机构10家，自治区、地（市）、县（市、区）三级农牧业科研和技术推广机构184个。国家级和自治区级农业科技园区、重点实验室29个。全区74个县（市、区）中只有日喀则的15个县设立独立的科技局，其他59个县（市、区）均未有独立的科技局。科技代理、咨询、评估、推介、交易等中介服务机构非常少。

从各种指标来看，西藏产业发展的基础与自身要求的差距，以及与全国平均水平相比确实都比较大。企业的技术创新主体地位远未确立，企业技术创新能力极其薄弱。

［基本判断］

（1）西藏产业发展的规模和结构都不太符合工业化中期阶段的特征，各产业产值都偏低，尤其是第二产业。从产业发展角度来讲，西藏实际上仍处于工业化初级阶段。

（2）第一产业和第三产业吸纳劳动力相对较多，应当大力提升产值；

① 指参与研究与试验发展项目研究、管理和辅助工作的人员，包括项目（课题）组人员，企业科技行政管理人员和直接为项目（课题）活动提供服务的辅助人员，反映投入从事拥有自主知识产权的研究开发活动的人力规模。（来源：《中国统计年鉴2015》）

第二产业产值相对较高，应该通过调结构提升吸纳劳动力数量。

（3）第二产业发展存在建筑业占比过大，而工业产值占比过低的较大的结构性问题。

（4）西藏拥有丰富的自然和人文资源，产业发展有较大的扩展空间。

（5）西藏企业基础及创新发展的基础条件和能力非常薄弱，亟需加强。

第3节　人才现状研究

一、劳动力总体状况

根据《西藏统计年鉴2016》最新统计数据，2015年西藏人口数量为324万人，虽然比刚刚和平解放的50多年前增加了2倍多，但是在全国还不及一个一般的中等规模城市的人口数量，仅与北京市海淀区常住人口规模（366万人，2016年）大体相当。西藏农牧业人口占总人口的74%以上，农牧民居住分散，大部分居住在地广人稀的农牧区。城镇人口占比仅约26%。由于1959年民主改革，西藏才从农奴社会跨越到社会主义社会，原有人口文化程度低，虽经过多年扫盲，如前文所述，15岁以上文盲人口占比仍然很高。西藏全面提高人口文化程度确实需要一个较长的过程。

2014年西藏自治区从业人口为213.7万人，占到总人口的67%。2006—2014年，产业从业人口增加65万人，增长了20%以上。这主要得益于第三产业吸纳就业的快速增长（增加了42万人）。2014年第一、第二、第三产业从业人口占比分别为43.7%、14.7%、41.6%，2015年该比例变为41.2%、13.3%、45.5%，在从业结构中第三产业因吸纳就业数量增长较快因而比例升高，而第一产业和第二产业就业数量增长有限比例均有下降。

2014年，国有单位从业人员为26.9万人、城镇私营企业和个体户47.4万人、乡村从业人员133.8万人、集体经济单位1.44万人、其他经济单位5.3万人（图2-1）。2014年职工平均工资为61 235元，其中国有经济单位平均工资61 235元，集体经济单位29 574元，其他经济单位60 161元。公共管理和社会组织单位平均工资为62 391元，高于职工平均工资。

不可忽视的是，目前流动人口对西藏的经济、社会、人口等方面的影响显得日趋明显。“当前拉萨市流动人口存在问题与对策”课题组以务工经商的经济型流动人口为调查对象，对西藏的流动人口素质进行了调查发现：西藏流动人口的文化程度低，其中初中及以下文化程度人口占86.7%，文盲、半文盲人口占14%，而具有高中文化程度的只占12%，大专及以上文化程度仅占1.3%。正是由于第一产业的劳动力大多是平均受教育年限低，无专业技能的一般体力型人力资源，导致西藏农业现代化进程缓慢，制约了整个产业结构的升级。

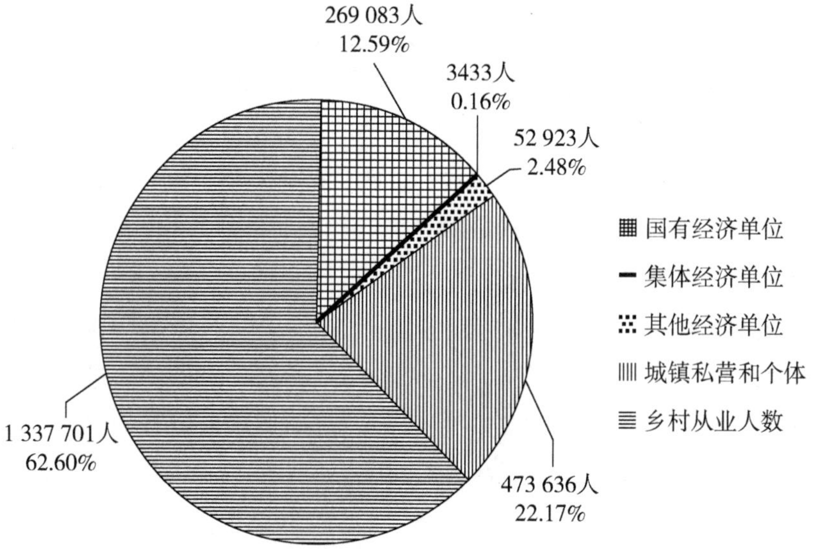

图2-1　西藏产业从业人员基本结构状况

数据来源：《西藏统计年鉴2015》。

二、人才政策

《西藏自治区中长期人才发展规划纲要（2010—2020年）》对人才发展提出的目标是：到2020年，西藏全区人才总量要基本满足跨越式发展和长治久安需要，人口素质大幅度提高，人才结构更加合理，高层次人才紧缺局面明显好转。

（一）人才引进政策

西藏自治区政府通过出台人才引进政策，一直在推进引进人才工作。西藏对于引进人才实施的优惠政策大体包含：① 实行浮动工资；② 实行固定工资；③ 对进藏的高等院校毕业生，进藏后不实行见习期工资，直接享受定级工资待遇，并高定两档职务工资；④ 在藏工龄津贴：凡在藏工作 1 年每月加发在藏工龄津贴 3 元；⑤ 实行西藏特殊津贴：在本人基本工资的基础上，二类区、三类区、四类区分别提高 140%、170%、200%；⑥ 享受防寒装备补助费、取暖补贴和边境县生活补贴及海拔 4800 m 以上地区特殊保健津贴；⑦ 对在藏工作直至退（离）休的人员，在办理退（离）休手续时，可将学历浮动工资、在藏累计工作满 5 年浮动工资、8 年学历固定和 20 年固定工资作为计算退（离）休费的基数；⑧ 按国家有关规定，对自愿到西藏工作的高等院校毕业生和毕业研究生，在藏连续工作满 8 年以上的，可调回原籍或其配偶所在地安排。以上优惠政策在西藏已经实施了多年。当年这些政策对于吸引人才发挥了一定作用，今天需要对其对人才的吸引效果进行评估。

2015 年 10 月，自治区人民政府出台了西藏第一个面高层次人才引进方面的政策——《高层次人才引进办法（试行）》。政策把引进高层次人才分为 4 个层次，除了“两院”院士、“千人计划”专家、“万人计划”专家、国务院政府特殊津贴专家、高级职称的专业技术人员之外，该政策不同于以往的一个亮点是把博士研究生、企业高级经营管理人才和民族传统文化、语言翻译等领域的高技能人才也列入了高层次人才范围。这说明西藏自治区已经开始重视产业人才问题。该政策还创新了西藏的高层次人才引进方式，本着“不求所有、但求所用”的原则，提出了创新创业、柔性等方式引进高层次人才。分别给予引进第一、第二、第三、第四层次人才 200 万元、100 万元、50 万元、10 万元的科研补助经费，以及 80 万元、50 万元、30 万元、12 万元的一次性补助。从薪酬待遇、职务待遇、住房政策、家属安置、创办企业、职务评聘和奖励政策等方面给予引进高层次人才优惠措施。

2012 年，中央人才工作协调小组在拉萨召开西藏人才工作座谈会，印发《中央人才工作协调小组关于国家人才发展规划重大人才工程为西藏提供重点支持的意见》（以下简称《意见》）。制定出台特殊支持政策和措施，加大西藏发展紧缺人才的培养力度，吸引更多高层次人才到西藏创新创业。《意见》按照国家人才发展规划部署，根据人才工程不同特点，针对西藏实际和特殊需求，采取专项方式，为西藏提供重点支持。《意见》针对边远贫困地区、边疆民族地区和革命老区人才支持计划，海外高层次人才引进计划，高校毕业生基层培养计划等 9 项人才工程分别提出了年度或阶段性目标和措施。其他重大人才工程将在名额分配、评审评选、经费保障等方面给予倾斜。干部教育培训工作、博士服务团、“西部之光”访问学者等项目也将扩大支持规模。加强西藏人才队伍建设，要把稳定用好现有人才作为关键，结合重大项目建设培养使用人才，建立柔性引才机制，鼓励人才以各种方式为西藏发展贡献聪明才智。该政策实施以来效果如何，目前尚未看到相关评估报告。

拉萨是西藏的政治、经济、文化中心，对于各类人才最具有吸引力。拉萨努力建设人才高地，集聚区内外优秀人才，自 2012 年起开始实施大规模人才引进工程，充实引进了各级各类优秀人才近 600 余人。出台了《拉萨市引进人才优惠政策实施细则》，明确规定拉萨引进人才包括领军型、复合型、骨干型、创业型和普通型等 5 类。对以调入方式引进的领军型、复合型和骨干型人才，将一次性提供 20 万元、10 万元、4 万元自由支配的资助费。2013 年拉萨引进了 116 名高校毕业生（属普通型人才），按照规定要求每人给予一次性安家补助费 2000 元。从资助数额和实际效果看，政策的吸引力有待评估及观察实效。

（二）毕业生就业政策

目前西藏高校毕业生就业渠道主要有五个：一是通过公开招考录用公务员和专业技术人员。此类招考每年至少进行两次，该渠道每年吸纳的毕业生人数最多，是西藏高校毕业生就业的主要选择。二是通过“三支一扶”“西部计划”公开招募就业。三是政府提供公益性岗位就业。四是通过就业市场的双向选择到企业就业。通过这一渠道就业的毕业生人数较少，这与毕业生传统的就业观念和西藏经济社会发展相关联。五是通过对口援藏省市、企业提供的就业岗位就业。

毕业生就业政策演变过程：由于地处偏远地区和特殊的历史背景，西藏高校毕业生就业分配制度改革晚于全国。2003 年，西藏自治区人民政府出台《关于改革大中专毕业生就业制度的意见》，高校毕业生开始陆续实行“市场导向、政府调控，毕业生和用人单位双向选择、自主择业”的就业政策。2006 年开始专科毕业生就业取消计划分配，2007 年起，除部队生源外，本科及以上毕业生就业取消计划分配，西藏高校取消了统包统配的就业机制，与双向选择、自主择业的国家就业机制接轨。这项政策的实施标志着计划经济时代西藏大学生就业“统包统分”历史的终结，以及全国大学毕业生就业全面进入面向市场、自主择业的时代。

然而，西藏高校毕业生就业制度改革带来的压力远远高于其他省市。就业体制改革后的西藏就业形势异常严峻，西藏籍大学毕业生出现就业压力越来越大的问题。主要是因为西藏企业数量少、规模小，吸纳劳动力的能力有限，同时多数行政、事业单位的职位已经处于饱和或超编状态。为解决好大学生就业问题，2011 年，西藏出台了西藏籍大学毕业生“全就业”的新政策，确保西藏籍大学生就业①。这一政策在全国是独一无二的。政策使得近几年来西藏就业率一直保持高水平。据有关资料统计的数据显示，西藏高校毕业生平均就业率为 97. 15%，远高于 90. 7%的全国平均水平。

西藏通过公务员招考的就业率达到 79. 9%。而全国高校毕业生在“政府机构、事业单位”的就业率仅为 8%（2011 年）。根据麦克斯研究院发布的《2012 年中国大学生就业报告》显示，在全国高校（含本科院校和高职高专院校）毕业生就业的用人单位中，居于前 3 位的分别是：民营企业或个体、国有企业、三资企业，“政府机构或事业单位”位于最后。这表明在全国普遍情况是，企业是吸收高校毕业生的主要用人单位。而西藏毕业生的就业状况与全国普遍情况恰恰相反——机关事业单位是吸收毕业

① 2011 年 8 月，陈全国就任西藏自治区书记，积极提出了三件大事：西藏供暖、驻村工作及促进公务员就业。其中，在促进公务员就业方面，加大了机关事业单位的招就力度，对政治过硬、学业合格及公务员考分过关的考生实行零失业就业政策。

生的主要用人单位，而企业尤其是民营企业吸收毕业生的能力非常弱。我们还发现，毕业生选择公务员岗位是一种普遍现象，各专业没有显著差异。此外，西藏各高校选择继续深造的学生人数很少，除学校推免的部分研究生外，考取研究生的几乎为零。这与学生的竞争意识、就业观念等有很大关系。对于西藏高校毕业生特殊的就业情况，我们需要同时考虑其现实的和历史的原因的。

从 2012 年开始，17 个对口援藏省市与 17 家中央援藏企业为西藏提供 3400 个就业岗位。为鼓励西藏籍高校毕业生到区外就业，自治区人民政府还实施了“对到区外就业并签订 1 年以上劳动合同的西藏高校毕业生一次性给予 1000 元的路费补贴，对签订 3 年以上劳动合同或聘用协议的，按每人每月 300 元标准给予 1 年的生活补贴奖励政策”。政策的倾斜和支持无疑为西藏高校毕业生提供了更多的就业机会，但观念的错位等原因导致多数学生的就业选择仍然为公务员岗位。

三、教育对产业人才的供给状况

一般而言，教育是人才的主要供给渠道。教育的责任是为经济、社会发展提供所需要的人才。个人则通过接受教育，在社会和经济体中获得就业，通过工作得到报酬，以及自我实现的价值。

西藏的教育包含小学、中学、大学和职业学校。西藏拥有 6 所高等院校，其中 211 院校 1 所，普通本科院校 2 所，（高职）专科院校 3 所。2015 年西藏自治区 6 所普通高等教育院校招生数量为 9579 人，其中研究生 484 人，普通本（专）科生 9095 人。中学 125 所，其中高级中学 25 所，完全中学 7 所，初级中学 93 所。小学 829 所。

西藏教育和各种人才培训方式对产业供给状况如何，目前尚无综合统计数据可以反映这一点。2015 年西藏自治区 6 所院校共有普通高校毕业生 9896 人，其中硕士生 417 人，本科生 5064 人，高职（专科）生 4415 人。关于西藏高等学校对产业发展人才供给情况如何，根据《西藏自治区高校毕业生 2015 年就业质量报告》，进入机关和事业单位的比例高达 74%，到企业就业的仅占 14%（即 1015 人），而且有 2/3 进入国有企业，由此高等教育对产业发展供给状况可见一斑。到企业就业的仅占 14%（即 1015 人），而且大部分进入了国有企业。

为初步了解公众对各类教育方式、对产业提供人才情况的直观印象，本研究在问卷调查表中设置了专门问题进行调查，然而被调查者却普遍反映此问题很难回答，不了解的占很大比例。虽然调查结果不能精确反映真实情况，但是却反映了公众对此问题的基本认识：中小学教育还是目前西藏各产业发展劳动力的最主要提供者（见本节框文）。

产业支撑人才问卷调查

●您认为目前开展的本地人才教育或培训手段为西藏产业发展提供的创新创业人才数量如何，以下为结果统计［多选题］［必答题］：

选项	较多	一般	太少	不了解
高等教育	46（11.92%）	135（34.97%）	183（47.41%）	35（9.07%）
职业教育	40（10.36%）	136（35.23%）	173（44.82%）	52（13.47%）
中小学教育	76（19.69%）	162（41.97%）	85（22.02%）	73（18.91%）
各类专业培训	24（6.22%）	108（27.98%）	202（52.33%）	60（15.54%）
其他方式	17（4.4%）	73（18.91%）	85（22.02%）	220（56.99%）

调查结果：被调查者普遍认为目前教育为产业发展提供的创新创业人才都太少，中小学教育为创新创业提供的人才数量稍微多一些。

●您认为目前开展的本地人才教育或培训手段为西藏产业发展提供的基础劳动力数量如何，以下为结果统计［多选题］［必答题］：

选项	较多	一般	太少	不了解
高等教育	28（7.25%）	137（35.49%）	184（47.67%）	43（11.14%）
职业教育	34（8.81%）	131（33.94%）	180（46.63%）	49（12.69%）
中小学教育	68（17.62%）	169（43.78%）	90（23.32%）	68（17.62%）
各类专业培训	23（5.96%）	110（28.5%）	196（50.78%）	64（16.58%）
其他方式	14（3.63%）	86（22.28%）	94（24.35%）	197（51.04%）

调查结果：被调查者普遍认为目前各类教育手段为产业发展提供的基础性人才数量也都太少，中小学教育为产业发展提供的基础性劳动人才数量多一点，也仅属于一般。

四、产业发展中的人才现象

如前文所述，企业家在选择厂址时考虑的一个极为重要的因素就是当地熟练劳动力及科技和管理人员能否满足企业界需要。企业和产业发展需要一个人才生态群：创业人才、创新人才、管理人才、基础性劳动力人才。这些人才对企业发展其实都很重要，只是有的人才可替代性强，有的人才可替代性差，但是缺了哪种人才，企业都不能存在和发展。西藏目前产业发展就是不能为企业提供所需要的熟练劳动力及相关人才。除此之外，在西藏还具有以下一些突出现象：

专业学生学不致以用，产业发展补充不到专业性人才。根据最新数据，2015 年只有 1015 名本地高校毕业生进入了西藏的企业工作，其中 674 人进入了国有企业，其他企业仅 341 人。西藏的企业一年只补充了约 1000 名本地高校毕业生，当地产业如何发展？大量学习专业的学生被不需要专业知识的岗位分流，实为可惜。

企业招不到需要的专业人员。以藏医药产业为例，作为自治区重点支持的特色优势产业，目前面临很大的藏医药人才缺乏困境。根据对奇正药业、诺迪康药业等藏医药企业的专题调研，企业普遍反映招人难：工程技术人员、操作人员等产业发展必须的基础性人才欠缺。很多企业反映，各层次人才都难招，从高级专业人才到基础性人才，有时候连司机这样的普通专业人员都很难招得到。

企业越来越留不住人才。专业人员即使来了企业，由于综合因素考量，辞职的越来越多，有的甚至来了几个月就要走。据某知名药业企业反映，他们 2008 年曾花大力气从西藏大学引进了 18 个毕业生，到 2012 年仅剩余 1 个，离开的人大部分都去考公务员了。

企业障碍问卷调查结果

对于“在西藏发展企业的主要障碍”，问卷调查结果显示，工作单位是“企业”的被调查者（100 人）选择最多的障碍是“找不到需要的人员”（占到 63%），其次是地方管理理念落后（57%）、气候条件恶劣（55%）和政府办事效率低（51%）。

产业从业人员总体水平低。在西藏总体人才“奇缺”情况下，西藏产业发展人才更是“极其缺”。各产业普遍存在从业人员基本素质低，胜任工作的人员少的问题。以特色农牧业发展为例，由于西藏的自然条件、地理环境，以及历史渊源和文化传统等原因，长期以来，农牧民的科学文化素质普遍较低，农村生活方式传统，追求“自给自足”，农牧业生产水平低下，对先进实用技术的接受和应用能力较低，田间地头缺明白人，双语人才匮乏，并且流失严重。很多推广单位技术人员比例不到一半，个别单位甚至没有一个专业人员，地（市）以下技术推广部门普遍缺编，每年申请分配补充人员都难以招进对口的专业人员。

分析其原因，除了西藏整体人才缺的现状，还有以下一些特殊原因：

① 西藏企业由于产业不发达，企业数量少、规模小，提供岗位少，就业所选择范围小。

② 企业岗位风险相对高，并且与公务员的岗位风险比，高于内地。

③ 西藏提供大量公务员岗位：相比于内地公务员系统，西藏公务员的收入高、工作稳定，退休后生活有保障。

④ 企业相对公务员系统给予的工资待遇较低，并且存在较大的不稳定因素，因此当地人才不愿意进入企业。

[基本判断]

（1）在产业水平实际上处于工业化初期阶段的情况下，西藏各层次人才与当前产业发展的需求仍有较大缺口，未来西藏产业发展在人才方面的缺口会更大。

（2）西藏文盲率高，基本人口文化水平与产业发展的基本需求之间差距很大。

（3）由于产业需求的各层次人才都很难找，西藏现有企业生存都很困难。

（4）就业政策导向加剧，造成产业发展补充不到所需人才。

（5）目前人才政策大多针对机关事业单位，尚未出台针对促进产业和创新发展的人才政策。

第 4 节　援藏对西藏产业发展的支撑作用研究

自确立“中央关心、全国援助”工作机制至今的 20 多年来，西藏经济社会在中央和各对口省市（部门）的帮助下取得了飞速发展，基础设施及基本发展条件因此发生了质的改善。

援藏实际上自自治区成立以来一直都有，但是现在所说的援藏主要是指对口援藏，是从 1994 年“中央第三次西藏工作座谈会”后开始的“对口援藏、分片负责、定期轮换”援藏方式。自 1995—2005 年，全国共有 18 个省市、60 多个中央和国家机关部委、17 户中央企业，先后选派 7 批共 6000 余人进藏工作。援藏干部由最初的 600 多人增加到第 7 批的 1500 多人。各对口援藏单位累计实施援藏项目 7615 个，投入援藏资金 260 亿元。“中央第五次西藏工作座谈会”以来，援藏投入增长幅度很大，资金总额达到 109 亿元、项目 2198 个，占 20 年全部援藏资金的四成多。

1995 年开始的大规模对口援藏补充了西藏在干部人才方面的一些需求，但是，产业援藏、人才援藏不足，总体来讲，援藏对西藏产业发展的支撑作用有限。同时，长期不变的援藏政策还存在一些突出问题。

（一）“输血”援助为主，“造血”援助不足

“带项目给资金”促进西藏发展成为过去援藏的主要思路。20 年来的援藏一直以用于基础建设的项目和资金为主。在各地对口援藏的开始阶段，基础设施建设类援藏项目占绝大多数。援助的目的，本应是要培养受援地区在没有外部追加援助条件下的自我发展能力，然而实际操作当中，“输血”式的直接援助更容易快速见到成绩，援藏在这方面非常突出。

后期阶段虽然促进产业发展的项目有所增加，但对于促进产业发展的影响力、作用力还是不足的。以青岛市对口援助日喀则为例。自 1995 年以来，青岛援藏工作共投入 4.16 亿元资金，完成各类援藏项目 410 个。其中用于农牧业产品深加工、特色民族手工业扶持等的市场化运作项目仅有 16 个，项目投资 0.44 亿元，只占到总资金的 10%。

“输血”援助 20 年，造成西藏经济对财政转移支付的过度倚赖，并形

成财政补助下的非正常的经济和社会发展方式。同时，虽然财政转移支付对公共基础建设作用是直接的，然而对提高人民收入的作用是间接的，并是不可持续的。

（二）援藏干部中行政干部为主，技术专家比例过低，且援助时间短

20年来援藏干部的主体都是带项目资金进藏的行政干部，其占比达到八成以上，专业技术和企业经营管理援藏人员数量相对太少：第一批为30人，仅占到总人数的5%，第六批增加到200多人，也仅占到20%。此外，行政干部的援藏时间是3年，而技术专家一般只有1年时间。以武汉的援藏为例：21年间从卫生、城建、水利、教育、农业等方面向乃东陆续派出了120余名专业技术人才开展技术援助工作，时间有半年期、一年期，最长的一年半期。平均每年不足6人，相对于党政援藏干部人数实在太少，地方上感觉“不解渴”。如西藏农牧业发展中各地都亟需黄牛改良专家，然而由于技术援藏人员少，时间又太短，远远不能满足各地的需求。除了技术专家，西藏还非常缺少农业操作能手，这方面人员尤其在农牧业发展中非常实用，然而基本都不在各地援藏计划当中。农牧民有这样的感觉：需要的不派，派来的用不上。

目前有一些地区正在针对西藏需求加大产业援藏力度，探索开展产业援藏的方式。如武汉市的“产业援藏”模式，逐步培育乃东经济内生动力。在山南地区统筹城乡发展示范区中单独划区开发“武汉产业援藏园”。但是在对口援藏中这样的探索还是太少。

援藏问卷调查结果

●题目：您认为目前国家和地方的对口援藏对于支持或引领产业发展发挥的作用如何。以下为结果统计：

题目/选项	非常大	很大	一般	较小	很小	不了解
援藏干部	53（13.73%）	125（32.38%）	126（32.64%）	35（9.07%）	24（6.22%）	23（5.96%）
援藏项目	64（16.58%）	141（36.52%）	121（31.35%）	25（6.48%）	8（2.07%）	27（6.99%）

● 题目：在新常态下为推动西藏重点产业发展，您认为国家或各对口援藏省份的援助重点或方式是否需要调整。以下为结果统计：

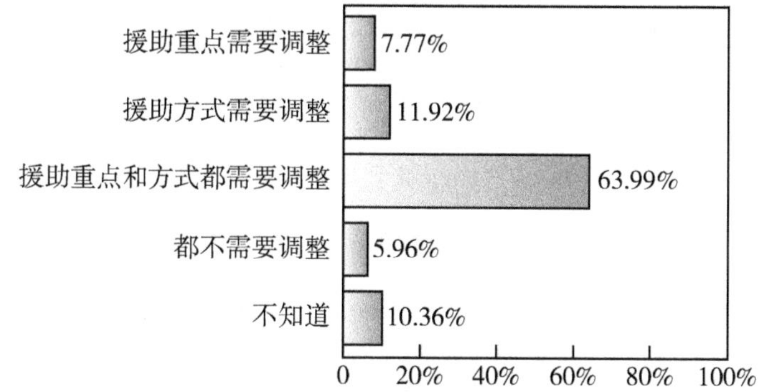

除了对口援藏，中央还出台了一些人才培养和援助计划帮助西藏发展，如博士服务团、西部之光、院士专家西部行、西部千名学科带头人工程等。“西部之光”访问学者是中组部、教育部、科技部、中国科学院联合实施的一项西部地区人才培养计划。每年从西部地区选派一批中青年科研骨干到中央国家机关所属高等院校和科研院所，进行为期一年的研修。项目从 2004 年启动，每年选派 200 人，连续实施 5 年，共选派培训 1000 人。“博士服务团”工作是中央组织部和共青团中央贯彻落实西部大开发战略和人才强国战略、为西部地区提供人才支持和智力服务的一项重要举措。2015 年 11 月 23 日在北京举办第 16 批博士服务团选派的 390 名博士都是西部地区亟需的紧缺型人才，规模也为历年之最。

各类人才援助计划影响和对产业发展作用如何，本项目研究专门对此进行了问卷调查（见框文）。有四成多的被调查者对这些计划表示“基本不了解”，还有四成多被调查者表示“部分了解”。被调查者中有一半以上认为这些计划对于西藏产业发展发挥的作用一般或很小。

总的来说，这些人才援助计划有以下特点：

（1）各类计划各自为政，计划之间缺乏衔接，有些人才计划针对的领域是部分重叠的，有些领域又没有覆盖；

（2）人才援助目标不甚明确，没有针对西藏地方经济发展的需求，作用泛泛，影响力低。

[基本判断]

(1) 援藏不可或缺，应当长期存在，但是为长期建藏必须以产业发展为导向做大的战略调整，并且现在已经到了调整期。

(2) 援藏中，政府应当避免过多地从“物质”上给予（尤其是在完成扶贫攻坚目标过程中），否则负面效应大于正面效应。

(3) 各种人才援助计划应当提高其针对产业和经济发展的促进效果和影响力。

第5节　西藏经济、产业和人才发展状况总体判断

(1) 西藏经济距离跨越式发展、实现到2020年和全国一道建成小康社会的目标还有较大的差距。

(2) 从经济水平看西藏处于工业化中期阶段，然而从产业水平看西藏仍然处于从工业化起始阶段向工业化实现阶段的产业结构转变的阶段。人力资本结构及产业结构都尚未为西藏的经济发展做好准备。人才水平与产业水平基本一致，处于初级阶段。

(3) 目前西藏产业发展水平与经济发展所处阶段不匹配，产业发展能力远不能支撑当前西藏的经济、社会发展水平。西藏需要大力发展产业，尤其是重点产业以逐步减小由于与经济发展不匹配产生的矛盾。

(4) 无论从人才数量、结构，还是从对经济社会跨越式发展的支撑及缓解人才紧缺局面几个方面来看，西藏距离实现《西藏中长期人才发展规划纲要（2010—2020年）》提出的2020年目标差距都还较大。如果不尽快调整战略和措施，将无法完成纲要规定的任务目标。

(5) 西藏人才绝对数量缺和结构性短缺是西藏人才发展的两大主要问题，本地劳动力缺口严重是其现阶段产业发展的主要矛盾。

(6) 西藏经济发展要求变政府投资拉动为产业驱动，亟需各层次人才的支撑，但目前西藏的人才无论从数量上还是从质量上都与未来产业发展需求差距很大。

(7) 在没有基本满足产业需求的人才数量前提下，西藏内生经济发展缺乏必要基础，西藏具有“造血”功能的支柱产业尚无从发展。

第3章　西藏产业和人才发展的突出问题和矛盾研究

产业发展和人才的矛盾是所有地方经济发展中的普遍问题，然而西藏在其发展中具有一些别于其他地区的特殊性。基于对西藏经济、社会、产业、人才及相关政策的现状调查，本书研究认为，目前西藏产业发展和人才发展的突出问题和矛盾主要存在以下几个方面。

一、西藏稳定和发展的矛盾格外突出，需要中央高层智慧的关注

西藏的发展存在两大核心问题：一是稳定，二是发展。虽然所有地区的发展都存在这两个问题，但是，由于西藏所处的特殊政治和战略地位，中央对西藏稳定的要求大幅高于一般地区。因此，长期以来自治区人民政府更为注重完成“稳定目标”，提出了“稳定压倒一切”的政策导向。因而对通过产业促进经济、社会发展的关注度相对较弱。

虽然从理论上讲，稳定和发展从根本上是不矛盾的，是被普遍认可的：稳定是为了更好地发展，而发展是为了更可持续的稳定；然而，在操作层面却又明显感到两者之间矛盾十分突出。在对于人的管理方面，稳定的目标是“管住”人，而发展的目标是通过“用好”人，促进经济和社会水平的提高。然而，现实当中为了达到“管住”人的目标，往往就会通过制度把人限制“死”了，从而背离了“用好”人的目标，限制了发展，造成了矛盾。

稳定和发展的矛盾的处理特别需要高超的艺术，非常考验管理者的水平。目前，西藏在“稳定压倒一切”思想指导下，尤其是在“3·14”事件之后，稳定成为西藏社会发展的头等大事。社会反映总体“稳”得太“死”，极大地限制了生产力，而且这个矛盾越来越突出。要解决好这个矛

盾，地方能力有限，必须要中央层面高层智慧的重点关注，否则此问题无解。

二、西藏总体人才“奇”缺，未来发展人才危机已经凸显

内地很多地区在经济发展过程中也都面临人才缺的现状，然而西藏人才是“奇”缺。西藏人才的“奇”缺体现在以下几方面。

1. 人才绝对数量缺

西藏人才数量可以称为是凤毛麟角。西藏每万人科研人员仅为1.3人，远远低于全国43人的平均水平，并且其中70%集中于高校和研究机构。2014年，西藏拥有各类专业技术人员[①]69 709人，仅占总人口比例的2.2%，其中大部分为医疗卫生和教学人员，占到各类专业技术人员的72.6%；工程技术人员、农业技术人员分别占各类专业技术人员的4.8%、9.0%；科学研究人员[②]仅有412人，占各类专业技术人员的0.6%。（数据来源：《西藏统计年鉴2015》）

西藏科研活动人员大部分集中在农牧业和工程科技领域（两项合计占81.5%），高层次专业技术人员和高水平学科带头人缺乏，平均每万人从事科研活动的科学家和工程师仅为1.61人，在西部12个省区（平均5.83人）中排名最后一位。

2. 人才结构性短缺

近些年来的政府就业导向政策使得就业趋向不合理，人为加剧了各行各业发展所需人才的缺乏，造成结构性短缺。西藏高校毕业生千军万马参加自治区的公务员考试，挤破头进入公务员队伍。2015年，西藏共有7048名高校毕业生就业，将近74%的高校毕业生进入机关和事业单位，主要在乡镇公务员岗位工作。西藏农牧业是吸纳劳动力最多的产业，亟需

① 根据《西藏统计年鉴2015》，专业技术人员包括以下十七类：工程技术人员，农业技术人员，科学研究人员，卫生技术人员，教学人员，会计人员，统计人员，新闻、出版、播音人员，翻译人员，体育教练人员，经济人员，图书、档案、文博人员，工艺美术人员，艺术人员，律师，公证人员，政工人员。

② 科学研究人员是指在国民经济各行业从事科学技术活动的自然科学技术专业人员，包括正副研究员、助理研究员、研究实习员、技术员和未评定职称的技术人员。（资料来源：《西藏统计年鉴2015》）

高水平的人才提高农牧业产值，然而西藏农牧业学院培养的大量毕业生去考交警、协警、普通乡镇公务员。旅游文化产业是自治区着力发展的特色优势产业，一位北大东方语言文化系梵语专业的毕业生，按照正常来说从事科学研究或者旅游文化产业都是很好的就业出路，但是他无法抗拒西藏目前的就业潮流（更多来自家长的观念压力），而最后考了乡镇公务员，从事跟北大所学专业毫不相关、并且他也毫无兴趣的普通行政工作，而与此同时旅游文化企业也失去了招到一个所需专业人才的机会。这种实例俯拾皆是。

大量学专业的毕业生从事机关行政工作，学不为所用，导致对教育资源和成果的巨大浪费。据西藏某高校估计，国家给一个大学生的平均培养费大约在 7 万元，加上个人和家庭成本将更高。大量大学生学不致以用，实在令人可惜。有人说，现在西藏什么行业都缺专业人才，唯独对专业要求不高的高学历普通公务员不缺。

3. 退休离岗造成人才断层与人才数量骤减双重问题

西藏一直缺人才，本身基础薄弱，长期发展滞后，然而国家在计划经济时代给予了西藏一些发展的人才红利，在一定历史阶段发挥了巨大作用。计划经济时代，国家对西藏进行了几次人才调配：1976 年、1979 年，国家计委从内地各省市大专院校挑选了 1800 余名大中专毕业生进藏工作；1980 年初，国家制定优惠政策，鼓励大中专毕业生支持边远地区建设，恢复高考后的大批毕业生响应党的召唤，怀着“保卫边疆、建设边疆”的远大理想，从祖国的四面八方来到西藏，奔赴经济建设、国防建设和社会事业的第一线。从 1982—1985 年，先后数千名大学毕业生进藏工作。这些高素质的大中专毕业生充实了西藏的党政干部、技术人才、科研人员队伍，为促进西藏发展做出了巨大贡献。今天，西藏还随处可见他们当年在艰苦条件下建设留下的高水平的规划、工程等。近些年来，当年分配进藏的人才都已 50~60 岁了，逐渐进入退休年龄。然而，从 2013 年开始执行的藏政发〔2012〕64 号文件让这些人都进入退休行列，几乎全部退休离开了岗位。

藏政发〔2012〕64号文件[①]的实施确实给予了长期在藏工作人员一种特殊待遇，体现了党和政府对在藏干部的人文关怀，很多人因此可以享受到退休待遇，由于藏政发〔2012〕64号文件政策的执行有很大的弹性（如医院证明的身体原因可以申请退休），还使得一些本来没到退休年龄的人也能够提前享受到该政策。自2013年底政策实施后，大批人员包括骨干人才离岗退休。据各方直观感受和非官方统计，2013年底以来西藏人才数量骤减。以西藏某高校某学院为例，原先有28名教授，藏政发〔2012〕64号文件执行后，有24名教授享受退休政策离开了，目前仅剩4名教授。西藏科技人才数量和年龄结构确实因藏政发〔2012〕64号文件的执行受到一些冲击和影响。

对口援藏为西藏提供了一些人才资源，但20年来总共才6000多人援藏，每个人只有3年时间，并且多数为行政干部，科技专业人才相对少，对于西藏的人才需求尤其是科技人才需求来说可谓“杯水车薪”，并未解决本质问题。

如前所述，原先从内地来的人基本都走光了，当年计划经济给西藏的人才红利彻底消失。50岁以上的人大量离岗，现在30~40岁从内地来西藏工作的人数量少，本地人才力量本身就弱，西藏目前已经显现出明显的“人才断层”现象。可以说，西藏未来发展的人才危机在目前已经凸显。

人才绝对数量少，“学不致用”问题严重，用好人才手段匮乏，人才危机开始凸显，是西藏当前较为突出的几大问题。政府必须尽快调整政策和战略，大力探索快速提升人才数量及素质的途径，出台新的政策措施介

---

① 西藏自治区人民政府于2012年5月11日下发了《西藏自治区人民政府关于机关事业单位工作人员提前退休和离岗休养有关问题的通知》（藏政发〔2012〕64号）（一般简称“64号文件”），其中相关规定惠及在藏工作多年的工作人员，是对为西藏建设和发展做出巨大贡献的人们工作的充分肯定和贴心关怀，也充分体现了以人为本、关爱健康、珍爱生命的理念。文件对于执行范围和对象及工作年限做出以下明确规定：机关事业单位的正式在编人员，凡符合男年满55周岁，女年满50周岁，且工作年限满20年的；工作年限满30年的；在藏工作年限满25年的其中条件之一都可以办理提前退休，其中担任现有职称8年以上者可以按晋升一级职称计算退休金。除此之外，凡在海拔高度达到4300 m及以上的地区，相关人员提前退休时，其退休年龄给予适当放宽5岁，同时给予工作年限也放宽5年的规定。在退休待遇方面规定，机关事业单位工作人员经组织批准提前退休时，应按照正常晋升的级别工资、岗位工资、薪级工资、固定工资等推算到国家规定退休年龄（干部：男60周岁，女55周岁；工人：男60周岁，女50周岁），并从批准退休的次月起享受国家和自治区关于退休人员的相关待遇。

入人才的供给。

西藏具有天然的区位劣势，制约着西藏各种人才队伍，尤其是科技人才队伍的建设和发展。西藏目前原则上与全国一样实现了以市场为主的人才流动方式。市场规律决定了西藏绝对不会是一个外来人才可“主动流入”之地。在当前的人才流动方式下，西藏如何解决经济、社会发展所需要的人才问题，如何面对历史上人才红利消失带来的危机，应该是自治区和国家必须认真考虑的问题。这首先需要得到中央高层的关注和重视，其次亟须新的政策介入。

三、西藏收入待遇吸引力越来越无优势，亟待提升

第一，目前西藏的工资吸引力，与内地相比优势不显著。曾经尤其是在计划经济时代，西藏的收入待遇还是有些吸引力的。但是随着时代的发展，西藏在收入待遇方面的比较优势日益下降。我们从中国城镇居民人均可支配收入对比（表 4-1）可见，2000 年时西藏城镇居民人均可支配收入在全国的排名位于第 7 位，2013 年直线降到了第 27 位，到 2014 年更是滑落到 31 个省区的倒数第 2 位。

据课题调研对象普遍反映，目前西藏人才政策给予的工资待遇跟内地相比差距不大，甚至比有些内地省份还要低。据调查，目前西藏实施工资是内地的 2.5 倍，是指基本工资，而内地某些地区收入更多来自绩效，总体收入便高。因此，目前从收入待遇来说西藏对人才的吸引力越来越低，已无优势可言。从问卷调查结果来看，仅有 19.17%的被调查者认为西藏收入具有吸引力，远远低于其他三项：竞争相对较低、机会多和具有挑战性。而在以往，西藏地区收入高是吸引内地人才来藏工作的一个重要因素。

表 4-1　2014 年全国 31 省区市城镇居民人均可支配收入对比

排名	地区	2014 年总额/元	增长率/%	2013 年排名	2000 年排名
	全国	28 844	9.0		
1	上海	47 710	8.8	1	1
2	北京	43 910	8.9	2	2
3	浙江	40 393	8.9	3	4

续表

排名	地区	2014 年总额/元	增长率/%	2013 年排名	2000 年排名
4	江苏	34 346	8.7	6	8
5	广东	32 148	8.8	4	3
6	天津	31 506	8.7	5	5
7	福建	30 722	9.0	7	6
8	山东	29 222	8.7	8	9
9	辽宁	29 082	7.0	9	19
10	内蒙古	28 350	9.0	10	22
11	湖南	26 570	9.1	12	12
12	重庆	25 133	9.0	11	11
13	湖北	24 852	9.6	17	17
14	安徽	24 839	9.0	15	20
15	广西	24 669	8.7	13	14
16	海南	24 487	9.3	16	18
17	河南	24 391	6.8	21	30
18	四川	24 381	9.0	22	13
19	陕西	24 366	9.0	18	23
20	江西	24 309	9.9	24	25
21	云南	24 299	8.2	14	10
22	河北	24 220	9.0	19	15
23	山西	24 069	8.1	20	31
24	宁夏	23 285	8.4	25	28
25	吉林	23 218	8.8	23	29
26	黑龙江	22 609	8.4	29	27
27	贵州	22 548	9.6	26	24
28	青海	22 307	9.6	30	21
29	新疆	22 160	11.5	28	16
30	西藏	22 026	8.0	27	7
31	甘肃	20 804	9.7	31	26

资料来源：人力资源和社会保障部《薪酬发展报告（2013—2014）》。

第二，使用人才不当大幅影响西藏对人才的吸引力。只有用好现有人才才能对引进人才产生有效的吸引力。目前西藏一方面是人才“奇”缺，另一方面大量存在着人力资源浪费而导致人才流失的现象。由于人才使用问题及其他一些因素，一些单位出现了人才“本地人才留不住”和“外地人才引不来”的现象，而往往“留不住”与“引不来”具有因果关系。

第三，有效的人才激励机制匮乏，西藏对于人才的吸引力很差。有些激励政策的出台目的是吸引人才，然而实施实际产生的吸引力效果很低。一些人才政策本身的出台是想发挥激励作用，但由于不结合实际，基层反映难以落地，作秀成分多。有的政策过于刚性，管理方式死板，束缚人才的使用。

由于收入和政策待遇的吸引力大幅下降，据反映，西藏辞职现象越来越严重，并且以30多岁的人为主。坊间有言，西藏现在是“50岁退，30岁走”。此说法也许有些言过其实，但却言简意赅地反映了目前西藏人才的严峻现状。当然人才流失现象受社会整体环境影响的因素很多，包括生活成本、工资薪酬、发展机会、就业创业环境、配套设施等，均是导致人才流失的主要原因。

收入因素吸引力问卷调查

题目：您认为在西藏发展的优势在于［多选题］［必答题］，以下为结果统计：

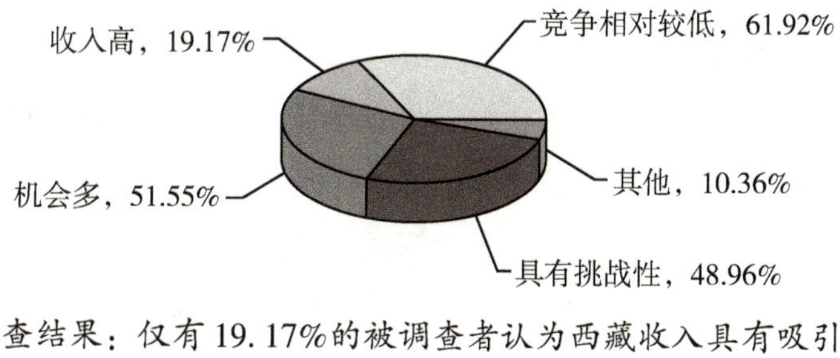

调查结果：仅有19.17%的被调查者认为西藏收入具有吸引力，远远低于其他三个选项：竞争相对较低、机会多和具有挑战性。

四、高校毕业生相对当前经济发展需求过剩，与企业用人之间矛盾突出

西藏总体人才“奇”缺，而大学毕业生相对当前经济发展需求大量过剩。目前，西藏企业用人与大学生就业之间存在一个奇怪现象：一方面西藏企业规模小吸纳不了每年高校毕业的大量学生，另一方面企业发展又找不到所需人才。这两者之间似乎是十分矛盾的。

西藏各类企业少，经济总量小，吸纳就业能力确实很弱。西藏劳动力绝对总量虽然低，但相对于西藏目前极其薄弱的产业需求而言还是供过于求。据调查统计，西藏基本上没有外资单位。规模性企业较少，数量少、规模小的国有企业经营困难，其冗员亟待分流安置，短期无力吸收新的就业人员。集体和民营企业总体数量也不多且规模小，目前吸纳就业的能力非常有限。数量最多的是小微企业，吸纳了大量普通人员就业，但目前西藏的这些企业一般不需要大学生，在当前的就业导向下大学毕业生也不会去。

企业吸纳能力弱并不意味着企业不需要人，现实是企业招不到需要的专业人员，企业普遍反映招人难。企业所需人员是维持企业生存的一个生态系统，从基础性人员到高层次专业人才都需要，然而，西藏目前产业发展的现实是，企业所需要的专业人才可能被公务员岗位大量分流，剩下不多的又不是企业所需要的。

有研究指出，西藏高等教育发展速度和规模都超前于地区自身经济发展的实际水平。发展速度的超前导致高等教育经济投入方面的压力大；发展规模超前则导致毕业生就业压力大。

由于西藏大部分经济增长来自于政府投资拉动，自治区除几家国有企业外，其他企业主要招的是廉价劳动力，对大学生的吸纳能力很弱。我们看到，如果不是政府每年提供大量公职就业岗位，西藏会有大量大学毕业生待岗就业。根本原因是西藏实际经济发展水平与就业增长不协调。在经济发展滞后的情况下，西藏地区每亿元国民生产总值拥有普通高校毕业生数竟然比全国水平高很多，这也就造成西藏经济社会发展所承受的高校毕业生就业压力比全国平均水平高很多。实际上西藏高等教育发展超越了经

济发展水平，“供”大于目前本地经济发展阶段之所“需”，当地经济社会发展水平尚无力接受超出其现实需求的高校毕业生，也就是说，不具备承载这么多大学毕业生的经济能力。因此，西藏大学毕业生相对于地方经济容量大量过剩。政府要维持稳定，就只能靠财政去提供岗位来“养”每年过剩培养出的大学毕业生。

对于高校毕业生宁愿选择艰苦地区的基层公务员也不选择企业就业，除了观念问题以外，也是学生和家长基于收入、工作稳定性等因素，对整体形势和发展做出的判断和抉择。究其原因，很多现实问题确实不可回避。第一，目前在西藏就业，企业职业风险远远高于政府单位，这是目前不能回避的现实问题；第二，由于西藏产业自身发展太薄弱，企业所提供的就业岗位绝对数量确实少，应用技术型人才就业面非常狭窄；第三，近些年政府就业政策导向公务员就业岗位大量增加，相比较于公务员岗位，企业岗位相对较少；第四，企业发展状况不好，可以提供的收入相对于公务员缺乏吸引力；第五，西藏毕业生水平所限及所学知识不实用，到企业和其他服务行业就业能力不强。这一系列因素导致西藏企业就业渠道比内地企业狭窄，无法吸引到人才。

然而，以国家机关和事业单位为主体吸纳高校毕业生解决就业和稳定问题绝非长久之计。机关事业单位就业容量有限，可以预测这种就业模式是不可持续的。目前西藏只有约300万人口，近些年来，直接进入“体制内”就业的高校毕业生每年都约占全部高校毕业生总数的80%。如果西藏每年都招录近1万人进入财政供养的机关和事业单位，不出10年，仅新招录到国家机关和事业单位的高校毕业生就相当于当前总人口的3.3%左右。以公务员为主要就业方向显然不符合教育发展的规律，也不符合西藏经济社会的发展需求。提供公职岗位只能是为解决高校毕业生就业问题而推出的非常举措，而不能变为政府的常态化政策。

西藏企业用人与大学生就业问题之间存在的错位矛盾十分突出，对此需要得到政策制定者更多的关注。发展产业，扩大产业容纳就业的能力才是解决此问题的根本性措施。同时，现阶段还应当调整高等教育重点，缩减普通高校专业招生，适当扩大高等职业院校招生，按照经济和社会发展的需求量调整专业设置和招生规模。

五、某些政策副作用不可小觑，亟须调整

由于西藏的特殊情况，国家对西藏的发展一直关爱有加，无论是从资金援助上还是给西藏的特殊政策在全国都是独一无二的。然而特殊关怀有利也有弊，某些政策副作用不可小觑，亟须尽快调整。

特殊政策极大地影响了藏族同胞的观念、理念，进而影响到了他们的行动。藏民族的特点是藏传佛教的影响来自血液，宗教信仰使他们对于物质生活的要求较低，而对于精神层面的需求的要求较高。西藏是直接从封建农奴制社会过渡到现代社会，社会思想中还带有很强的封建残余思想，群众在思想上对于“官家”本来就具有很强的依赖。由于多年来计划体制长期主导和西藏“供给制”的经济特点，以及 1995 年以来实施的对口援藏政策，在长期特殊政策的“关怀”下，已经导致大量藏族同胞改变了原本的生活习性，失去了自我争取生存和发展的动力和热情，内部逐渐形成了一种“坐、等、靠、要”的思想观念。有些藏族同胞甚至产生了“不劳而获”的心理。比如，贫困户居民由于获得政府长期补贴，造成其脱贫愿望很低。再如，林芝由于处于与印控区毗邻位置，老百姓补助收入普遍较高，边境地区可达 1.5 万元/户，因此这里的老百姓根本不在乎企业给他们的农业技术推广费，人为地增加了产业技术在这些地区推广的难度。

“全就业政策”影响到全社会择业观念、学生学习积极性及其他部门就业。为解决因大学生就业引发的社会问题，自治区人民政府 2011 年提出了大学生全就业目标。西藏全就业政策带来的高就业率让老百姓形成固定思维：初中毕业必须上高中，中职学校几乎不在考虑之内，高中只要考上大学就能进入机关事业单位工作。他们认为进入政府机关工作才算真正的就业，进入非公经济组织就业是“不务正业”。大多数家长和学生认为只有端上“铁饭碗”才是真正的就业，而在私有企业、集体企业等工作都不算就业。

“全就业政策”确实在近些年提升了公务员就业的吸引力，对于西藏家庭择业观产生了巨大的影响，并导致形成了一种强大的社会风气：大学

毕业首要就是进入政府单位工作，即使牺牲多年专业所学、爱好都在所不惜，绝对不会选择企业。

西藏“全就业政策”首先影响到藏族大学生的观念，然后影响到其学习态度和积极性。有研究表明，该政策对藏族大学生的学习态度和积极性已经产生了明显影响。由于多数西藏藏族大学生可以通过一次或多次“考试”最终实现就业，就业压力相对较小，就业上的“低危机感”导致“低压力感”，从而导致藏族大学生学习动力不足。而且“全就业政策”对理科生的学习积极性影响更大，这是因为理科的学习需要更多的付出，而就业又和“学习”无关，所以更大程度上影响理科大学生的学习态度。

“全就业政策”还进一步导致机关事业单位人员臃肿，效率低下。为给新毕业大学生腾出公务员岗位，政府只能通过实施提前退休政策加速新老交替。

同时，这一公共政策对企业和其他部门产生替代效应，已经严重影响到其他部门的就业。良好的公务员就业政策导致本来流向其他产业的优秀人才，被公共系统所垄断，进一步削弱了西藏的产业经济和私营部门的发展。

由于有的政策设计考虑不周全，或者政策配套不足，西藏还出现了一些钻政策空子的现象，对政策公信力造成负面影响。

钻政策空子在藏发展空壳企业问题。西藏的优惠政策实际上很多，对提升西藏的吸引力有作用。一些人和企业正是看重西藏的政策优势才来西藏发展的。在“使其留在西藏的因素”问卷调查中，被调查者将“政策发展环境吸引力”排在第1位的最多，高于其他几个因素都超过8个百分点。但是看重优惠政策的也不乏一些“钻空子”的人。部分企业利用西藏特殊政策套取国家支持，只在西藏提供概念性的空壳子，实际的企业运作却在内地。此现象在各类开发区很普遍。这会使得西藏呈现“虚化”的产业发展假象，对于地方经济的实际发展根本没有作用或者作用微乎其微。空壳注册企业在各类开发区堂而皇之地大量存在，说明政策的制定和管理存在很大问题。

钻人才政策空子问题。比如，据某高校管理部门反映，一些人通过引进政策来了没几年，就走了，由于没有有力的惩罚机制，白白造成引进经费与名额的浪费。“柔性引进人才”政策也存在一些漏洞。比如，一些柔性人才挂名后几乎很少到西藏来，只拿经费，平时做的事情不是西藏的，除了写文章给西藏单位挂名外，其实与西藏毫无关系，对西藏的发展无实质贡献。这种人才引进实际上对西藏的发展毫无帮助。也许这也从一个侧面说明了目前一些政策的制定不够严谨或者执行不够严格。

关于藏政发〔2012〕64 号文件。政策制定者当初设计藏政发〔2012〕64 号文件政策的初衷很难揣测，也许其中有一个目的是希望通过具有诱惑力的退休政策对人才产生吸引力。然而该政策对于提升西藏吸引力是会产生更多的积极正面作用，还是造成负面影响，或者仅仅方便了某些“搭便车”的人？这些都不好断定及评价，因为对于政策成效往往只能待时间来检验。

但是对于不适当的政策产生的问题我们是不能忽视的。当政策效果已经显现出弊大于利之时，则需要尽快做出调整，否则会对西藏发展和稳定产生不利影响，甚至近期小影响会逐渐演变成大的长远影响，一旦出现将悔之不及。

有些问题，只要意识到并采取措施，是可以通过战略调整快速解决的。如对于人才结构性短缺问题。所谓结构性短缺是相对于全面短缺来说的，是一种相对的“短缺”，是由于供求关系不平衡造成的需要的缺乏，不需要的又很多的一种经济现象，是可以调控的短缺。人才结构性不合理问题是可以通过政策调整尽快得到解决的。如“大学生就业全覆盖”是在一定历史条件下为维护社会稳定出台的政策，具有某历史条件下的适应性，已经完成历史使命。对于不符合市场经济发展规律的政策，不宜长期执行，否则会导致更多经济、社会矛盾。目前，西藏公务员岗位已经趋于饱和，在不会影响总体社会稳定的情况下，此政策不应再持续，不适宜再开辟大量新岗位。

六、资源配置机制亟须创新

西藏经济基础薄弱，各种资源都稀缺，特别需要高效的资源配置方式。资源是指社会经济活动中人力、物力和财力的总和，是社会经济发展的基本物质条件。资源配置是指对相对稀缺的资源在各种不同用途上加以比较做出的选择。科技资源是用于支撑科技活动的资源的总称，包括科技人才、科技活动资金、科学研究实验（试验）装备、科技信息等。资源的稀缺性决定了社会必须通过一定的资源配置方式把有限的资源合理分配到社会的各个领域中去，以用最少的资源耗费，获取最佳效益。

资源配置是根据要素禀赋通过一定的经济机制实现的。西藏发展最缺乏的资源要素是人。然而，西藏在资源配置方面并没有把人作为重要因素进行倾斜配置。西藏科技三项经费目前在2亿元左右，科技投入基本上是通过项目方式来配置资源的。相对于其他地区，西藏在科技资源配置方面长期以来都没有出台过针对人才的专项计划，在对用人的投入方面一直重视不足。项目支持方式有优点，也有缺陷。据调研反映，多年来以项目方式的科技资金投入并非没有成果，但有如“撒胡椒面”成效却不十分明显。通过项目给资金支持，项目结束了，资金也就没有了，工作很难有可持续性。关于通过项目方式所拨科研资金的使用效率，多年来越来越多受到诟病。在一个领域如果没有多年持续探索研究，是很难产生真正有价值的成果的。因此，从国家层面已经逐步在调整科技投入结构，越来越多地变项目投入为对团队、实验室、基地的稳定支持，变对项目支持为对人的支持，增加各种人才计划的支持力度，提升资金使用效果。西藏在这方面尤其需要跟进，创新资源配置方式。在同样的科研资金额度下，如果拿出一部分转到专门支持到人或团队上面，对科技人才或团队进行精准投入，将会取得更好的资金使用效率。以后可考虑在保持一定比例原有的项目支持前提下，出台专门针对产业需求的培养计划和引进人才计划。更多地通过人、团队来配置资金、机构资源等。也就是说，资金投入的重心要转移到支持科技人才和团队上面来。

七、引进人才与本地人才矛盾突出

据调研，目前西藏基层对目前所实施的人才引进政策还是有较大意见的。具体体现在：①引进人才的对象仅限区外高校非西藏生源博士、硕士研究生和本科毕业生，政策惠及外地生源毕业生，对本地生源人才没有相应的使用政策，普遍反映政策不公平。②对本地生源毕业生与外地生源待遇不同，反映强烈。③政策推进形式主义严重：政策协同推进不足（落地乏力），如“万人计划”领军人才，合作目的？为做工作而做？④“引来了，又走了”现象普遍，原因是什么？目前西藏针对不同人员来源进行了录用形式的区分：公招、社会招聘、引进（只能是非西藏生源）。问题的关键是，录用除了形式不同，相应待遇也不同。对此基层人员反映十分强烈，普遍感到不满。

由于本地人才不能满足使用需求，欠发达地区往往会迷信引进人才的作用，将引进人才作为解决其人才问题的法宝。实际上，引进人才本质上应属于“头痛医头，脚痛医脚”的问题解决方法，是人才匮乏毛病的“症状缓解”——治标不治本。而且，引进人才的实际效果往往未必如预期的好。同时，人才引进措施使用不当，还可能会产生两个副作用：一是，引进人才往往需要给予被引进者一定的待遇，即“筑巢”才能“引凤”。然而，如果给予引进人才的待遇与现有人才或内部培养人才的待遇差距悬殊，对于贡献的考核又不透明或不完善，其他员工就会感到待遇不公平，则挫伤了广大员工的积极性，因此政策制定者必须权衡由于引进人才导致的“得与失”。二是，在人才战略资金总量一定的情况下，用于引进人才的资金越多，则用于本地人才教育、培养的资金相应就会越少，其“得与失”，也需要权衡。

西藏自治区人民政府通过出台人才引进政策一直在推进引进人才工作，但是近些年来这些引进政策发挥的作用和效果确实越来越不明显。引进人才固然重要，但是解决西藏人才问题的根本在于本地人才数量和质量的提升。现阶段应该更多重视本地人才培养和使用，同时适度引进所需人才。而现阶段本地人才培养与外地人才引进各自权重如何，两者之间比例应当是多少，都应当从战略层面做好权衡。

八、西藏教育定位的实用性问题

“学不为用”与“学不致用”同样都是对教育资源、人的时间和生命的巨大浪费。由于历史的原因，西藏属于落后地区，经济和教育水平都大幅低于全国平均水平。因此，西藏在各方面一直在向全国学习。引进内地的方式，送西藏学生到内地西藏学校或西藏班学习。忽视自己的特点而“邯郸学步”，这样的学习可能是有害的。目前西藏教育的现状是无论是小学、中学还是大学教育，都必须使用全国统一的教材。小学、中学还无所谓，但大学教材，尤其是农牧专业教材，非常不适用于西藏本地的教育需求。比如，全国版本的教材中没有青稞种植、牦牛养殖，讲授的知识与西藏本地实际情况没有任何关系。学习这样的教材，“学不为用”，只为拿到学位，对于学生毕业后工作没有帮助，实在也是浪费老师和学生的时间。

然而，由于西藏特殊的地理、气候情况，西藏发展具有更多不同于内地的特殊性。水平落后也不意味着什么都要跟在别人后面走。本书认为西藏高等教育不能一味跟着全国模式走。必须尽快明确西藏高等教育的定位。西藏的高等教育应当与内地高校定位有差别，西藏的现实使得西藏的教育应当以应用型教育为主，淡化研究探索型和文科专业，重视理、工、农、医、管等实用型专业。

九、面向农村和重点产业发展的职业教育不足

职业教育本应是产业发展中基础性人才的主要提供渠道。但是西藏职业教育非常薄弱，与产业发展需求差距很大，尤其面向农村和重点产业发展的职业教育不足，面临尴尬发展困境。

一方面，西藏职业教育质量和就业现状导致家长对职业教育认同度低。面向城镇就业的中职生还容易陷入一种尴尬境遇：城市难融入，农村不适应。如贡嘎县的格桑于 2010 年内地中职班电工专业毕业，最初进入拉萨一家小型企业工作，月薪 2000 余元，除去吃住所剩的钱就不多了，加上年轻人的交友花销等，导致他入不敷出，即使是工作了仍然需要家人资助，几经周折，最终他回到农村务农。他的家长认为他只是到内地游玩了一次，浪费了时间和家庭财力。其家长由此对中职教育产生抱怨：孩子接受中职教育还不如不接受，没接受中职教育反而能成为劳动好手，家乡建设的主力军。认同度低，使西藏职业教育普遍出现了招生难、就业难的发展困境。

另一方面，西藏职业教育即使与我国其他欠发达地区职业教育相比，差距也很大。西藏高等职业学院起步较晚，目前仅有 1 所高等职业技术院校——西藏职业技术学院。通过对比性统计数据来看，西藏中等职业学校仅有 9 所，而位于全国倒数第 2 位的宁夏回族自治区为 33 所，倒数第 3 位的青海省 38 所。2014 年职业教育招生 7087 人，在校生 16 990 人，毕业生 6408 人。如果所有毕业生进入企业工作，也不过 6400 多人。

老百姓是最讲实惠的，希望其观念转变，必须要以给予老百姓实惠作基础。实际上，对老百姓来说最大的实惠就是子女高质量的就业。实践技术技能是中职生就业的关键。内地的发展经验是，中等职业教育培养的是符合经济发展需求的一线技术工人或一般技术性岗位的熟练工人，培养过程中以实践能力为主，学生就业主要面向城镇企业，通过校企合作、前校后厂、顶岗实习等方式为企业培养大量合格工人，就业与经济发展相互促进。然而，西藏发展的实际情况与内地有所不同。西藏中高端工业制造产业薄弱，企业数量少、规模小；而农业和第三产业是西藏接纳就业的主渠道，且具有一般素质的劳动力通常就能胜任。目前西藏中职生教育的就业定位是照搬内地经验，即城镇为主，农村为辅，这样的做法并不太符合西藏实际，中职生就业定位有失偏颇：

其一，西藏富余劳动力转移现状不同于内地。内地农村富余劳动力向城市转移，背后隐含着内地人均土地等资源少，富余劳动力多等前提条件。同时企业尤其是劳动密集型行业吸纳劳动力就业能力强，为劳动力转移创造了有利条件。中职生城镇就业也是农村劳动力向城市转移的一种形式，然而，西藏地域辽阔，农村人均资源富足，在建设社会主义新农村过程中自身就需要大量劳动力，但富余劳动力也仅出现在农闲时节。另外，西藏地域特点是居住分散，城镇化率低，有相当一部分城镇人口以财政供养为主，企业数量不足，在外来人口就业竞争下吸纳本地人口就业能力有限。

其二，西藏中职教育属于政府办学，师资、实训设备基地建设、资金投入比较固定，学校普遍只在政府指导下的计划招生和教学，专业的设置与经济和社会发展的需求脱节。中职学校 70%以上师资为理论教师，实践师资不足。实践师资少带来的实训不足，决定了中职生实践技能差，极大地影响了其就业能力，即使就业也难以进入企业核心阶层。这在汽修、餐饮、服务行业表现尤为突出。反观面向农村就业的专业，如绘画、家具、藏式手工业制作就业竞争小，随着农村经济发展和新农村建设推进获得了广泛市场需要，保持了稳定的就业趋势。

以面向培养新型农民的西藏中职教育，则可以成为解决农村问题的有效措施。农村问题就是如何促进农民收入的增长，促进农业的进步，促进农村的发展。具体讲就是：对留在家里的农民，开展与其发家致富相关的实用技术推广；对欲离乡、离土到城市的农民及其子女，开展农村劳动力转移培训。解决西藏农村问题的核心是培养符合西藏农村发展的新型农民。中职教育的生源来自广大农牧区，生活经历使其心理上更贴近面向农村的职业教育。中职教育与“一村一品”相结合，将西藏的名优、特色农产品种养技术与培养农村致富带头人相结合，是培育有知识、有技术、有能力新型农民的有效途径，从而助力西藏农村问题的解决。

西藏农村现实决定了面向农村就业的中职生将大有可为。农村发展需要带头人，掌握了知识、技术的农民在政策的支持下就能够成为致富带头人。掌握某种实用技术的中职生在农村广阔的土地上是能够大有作为的。中职生即使掌握了一定技术，在城市就业也面临诸多问题，容易演变成为流动的打工者。而农村创业或就业相对风险要小得多。西藏农村土地资源丰富，在使用土地场所方面具有天然的优势。随着农村经济发展和社会主义新农村建设，农村市场巨大需求潜力开始显现，随之而来的是后续技术支持服务。例如，农村拖拉机的普及需要维修专业技术；老百姓餐桌变化需要种养技术；安居工程需要家居绘画装饰技术。一村一品是市场经济条件下我国农业和农村经济发展的一种有效模式，中职生参与当地一村一品建设具有知识、技术优势，西藏农作物无污染，随着交通运输条件的不断改善和电商平台运营，西藏农产品走出西藏已经成为现实。上述现实条件为中职生发挥自身优势，在农村实现稳定就业或创业提供了良好基础。

因此，西藏未来解决就业问题需要在职业教育上有所突破，大力发展适合西藏实际的职业教育，从城镇为主就业的职业教育模式向农村就业和重点产业就业为主、城镇为辅的职业教育模式转变。引导形成离土不离乡、就近就业的发展模式，助力经济社会全面稳定发展，为中职教育的发展带来了新的活力，有效地缓解了当前中职教育出现的困境。

第 4 章　发展经验借鉴研究

西藏在我国属于欠发达地区。区域发展不平衡问题许多国家都有，各国对于欠发达地区产业和人才发展的经验是值得研究、分析和借鉴的。我国西部欠发达地区在发展过程中遇到的问题是相似的，每个地区都有自己的发展模式，一些较好的经验值得西藏在未来发展过程中进行参考。

第 1 节　国外欠发达地区发展经验研究

区域之间发展的差距，并非我国独有，在许多国家发展过程中是普遍存在的，都不同程度地存在着发达地区和欠发达地区之间的不平衡问题。例如，位于法国中部的中央高原地区，曾经被称为法国的“西伯利亚”；美国西部原是一块不毛之地，据说最早的开垦者死了都不想葬在那里；日本的北海道地寒、人稀，条件恶劣，甚至连鸟儿都不飞过去。从历史角度看，各国少数民族地区在历史上一般都是欠发达地区。帮助欠发达地区追赶、缩小与发达地区的发展差距，把经济均衡发展作为其经济发展的基本目标，一直是各国政府发展的目标。

由于采取的战略和政策不同，各国欠发达地区的经济追赶结果也不尽相同。有的国家的少数民族地区已经成功地从欠发达地区跻身于发达地区，如美国的西部、德国东部和日本北海道等。有的少数民族地区依然还是存在很大的差距，如意大利南部已从落后的农业社会进入现代工业社会，但是目前南北间在工业化程度上还存在一定的差距，意大利北部地区经济处于领先和主导地位。

西方各国政府大多根据实际情况对欠发达地区采取公共投资、转移支付、投资补贴、税收优惠、政府采购等灵活多样的援助方式。同时，各国政府还会采取措施引导资金、人才等要素向欠发达地区流动，普遍采用投资补贴政策，鼓励对欠发达地区的投资。1964 年，法国设立了地区开发资金，按投资的 25%的标准补贴在受援区内投资的企业，受援程度最低的也至少可获得 12%和 12 000 法郎的奖励，而创造一个就业机会还可获得政府 25 000 法郎的补贴。英国政府对于在特别发展区、发展区和中区投资的资本设备分别按 44%、40%和 20% 3 个比例给予投资补贴。荷兰、丹麦规定，凡是到发展区投资的公司，均可获得 25%的资本金补贴。

西方国家普遍采取了对欠发达地区实行税收优惠的区域援助政策。为鼓励资本向欠发达地区流动，美国联邦政府扩大了州和地方政府的税收豁免权。康涅狄格州规定，到贫困地区投资的企业减免所得税 5 年，再投资将继续享受税收优惠。美国联邦政府还规定：经济相对发达的东北部和五大湖地区的征税税率高于南部、西部和山地诸州等经济落后地区。

为扶持欠发达地区的企业、积极补偿欠发达地区的投资“泄漏”，一些国家规定了政府强制性采购欠发达地区企业产品的比例。意大利政府规定，采购总额的 30%要从南方购买；美国联邦政府也规定了优先购买落后地区产品的采购政策。

一、美国的经验

美国曾是一个地区发展极不平衡的国家：其南部欠发达，西部曾是一片荒原。今天美国西部变成了粮棉基地、畜牧基地、能源矿产基地，以及电子、原子能、生物工程、航空航天等高科技产业基地，源于最重要的一个因素是在发展过程中较好地处理了教育与经济两者的关系，用教育成功地带动了西部地区经济的发展。更确切地说，美国地区经济发展得益于各地针对产业发展的人力资源开发：一个地区在确定了产业发展方向之后，大力实施相应的人力资源培训计划以配合相关产业的发展。美国南部和西部都是采取相应措施增加相关产业需求人员的供给而获得快速发展的。例如，犹他州把信息技术产业作为州的主导产业之后，就投资 1.2 亿美元，把信息技术全面引入该州的所有中小学，使所有的教职工与学生受到信息技术的训练，同时还拨款 1 亿美元向全州普及信息技术。有针对地产业的人力资源开发，因而，对产业的发展具有直接的推动作用。

（一）美国西部开发中的人力资源开发手段

1. 拨地兴学，解决教育资金投入问题

1862年和1890年美国国会两次通过《莫里尔法》，规定联邦政府在每个州至少资助一所从事农业和技术教育的学院；出售公地所获资金，除10%可用于购买校址用地之外，其余将设立为捐赠基金，其利息不低于5%。

2. 实行强迫义务教育

实行强迫义务教育，提高西部人力资源的基本素质。

3. 根据产业需求重点发展农工商学院，满足西部开发对人力资源的需求

农业和工商业是早期美国西部开发中的重要产业和基础产业。为了培养高素质的农业和工商业人力资源，包括林肯在内的6位总统先后签署过扶持农工商学院的法案，如1890年的第二次《莫里尔法》。

赠地学院和大学不断根据西部农业生产的实际需要，增加新兴的农业研究学科。国会也通过若干法案，加强赠地学院的发展和农业技术的推广。这些法令和政策的颁布实施，大幅促进了美国西部乃至全美农业和工商学院的发展。有数字显示：赠地学院在校学生从最初的2200多人，发展到1895年的25 000人，1910年达到135 000人，占全国高校学生总数的1/3。农工商学院的发展，为美国西部培养了大批掌握农业、工商业技术的高素质实用人力资源，带动了美国西部乃至全美经济、科技的迅猛发展。1860—1910年，美国农业劳动生产率提高了近1倍，到1910年，美国实现了农业半机械化。1850年，美国工业居世界第4位，1894年则已跃居世界第1位。

4. 大力兴办培养实用性人力资源的职业教育

美国是一个讲求实效的国家，职业教育主要就是面向美国的西部农业，出于解决美国西部地区第一产业人力资源素质普遍偏低的现状需要而出现的。1785年，美国成立的农业促进协会最先提出对青年农民实行农业技术教育。1821年，缅因州、康涅狄格州、密歇根州等西部各州相继建立了农业学校，一些普通学校也开设了有关职业方面的课程。1862年

的《莫里尔法》大力提倡发展职业教育。1917 年通过的《史密斯-休斯法》规定，拨款资助各州的职业技术教育，并且要求在发展农业教育的基础上，大力发展工业技术教育和商业教育。西部人力资源开发中兴起的职业教育，成了美国建立今天遍布全国城乡职业教育网络的源头。

5. 鼓励民众参与教育

美国西部人力资源开发中的一条重要经验就是大量吸引民间资本投入教育事业。西部大多数州规定：私人或企业兴办教育或资助教育，政府可以减免其税收。

（二）美国落后地区州政府和地方政府发挥的作用

1. 南部和西部各州的职业培训

企业家之所以把厂址设立在南部和西部各州，是因为当地熟练劳动力和科技管理人员基本满足企业界的需要。南部和西部各州几乎都采取措施增加熟练劳动力和科技管理人员的供应并提高其质量。例如，科罗拉多州设立一项计划，以满足企业对劳动力的需要，并负责对该州居民进行培训，增加其就业机会。爱达荷州设立一项培训计划，以满足在该州新出现的行业所需职工和原有行业因扩展业务而增加职工的需要。俄勒冈社区大学和其他机构设立各种特别培训计划，以满足某一具体行业的特殊需要。佐治亚州设立一项全州规模的教育计划，授予接受该项教育的学生以应用工艺学学位，以向该州某些行业提供高级技术人员。

南部各地方政府经常承担起为新企业培训员工的责任。这类项目通过向新建企业提供已经接受训练的劳动力，可以使这些企业减少岗位培训的费用，并使工厂在开办之后就能很快进入全员生产状态。为吸引“高薪”企业，满足其对人才的需求，南部大多数中等学校都开办了工业技术和职业教育班。

南卡罗来纳州的立法研究委员会主张建立一个由专家负责制定课程、决定设备需要和招收受训人员的“特殊学校”制度——起步培训项目（The Star-up Program）。该项目允诺将确保在南卡罗来纳州新建工厂的工业家在开工时能够拥有受过良好培训的、效率高的劳动力，无论新工厂提出什么样的劳工要求。起步培训成为该州发展工业项目的王牌，并迅速得到工业家的订单和高度赞许，其他各州也采纳了类似的方案。

为发展迅速、待遇优厚和技术较为先进的企业提供训练有素的劳动力的职业培训计划和起步培训计划，实际上是州和地方政府为具有上述特点的、可能在当地投资的企业提供的另一种补贴。以此消除它们对劳动生产率的担忧，鼓励使用南部各地区所提供的劳动力、税收和整体生活消费低的便利条件发展自身，同时服务于当地的社会经济。

2. 发展高新技术产业

南部一些州的领导人意识到只有通过创新，特别是技术创新，才能促使工业和其他行业企业的运作更富有效率、更合理化和现代化。

20 世纪 50 年代末，霍齐兹开始设计利用汇聚了杜克大学、北卡罗来纳大学和北卡罗来纳州立大学的罗利—杜尔海姆—查佩尔希尔（Raleigh-Durham-Chapel Hill）—三角园的研究潜能。他利用自身作为行政官员的个人威望和才能，以及三所大学的科研力量劝说各类制造业主将其研究机构设在三角园区。他在 1963 年辞去联邦商务部长一职，出任三角研究园基地的主席，并利用各种关系为工业园成功地争取到了 IBM 公司所提供的设备，从而大幅加速了工业园的发展，并使研究中心的管理很快摆脱单纯为制造业服务的取向。到 20 世纪 70 年代末，工业园已有 28 个研究机构，从事着从培育人工草皮到为心脏移植患者提供合成假膜的多种不同项目。

北卡罗来纳州三角研究园作为南部最为成功的工业研究中心起到了很好的示范作用，南部各州纷纷资助和利用其所拥有的大学或学院的研究资源解决科学和技术难题，减轻企业用于科研开发的费用，推动了工业发展。

3. 帮助、扶持中小企业的发展

中小企业是提供大量商品和劳务、增加就业、创新技术的一支不可或缺的力量。美国许多州和地方政府为此采取措施扶助中小企业的发展。例如，北达科他银行是全美唯一一家由州政府所有和经营的银行，它为新创企业支付最多超过 60%的创业费用，提供贷款担保和购买厂房的资金，以吸引企业家来该州投资设厂。亚利桑那州设立开发服务处，与联邦政府小企业管理局的有关计划密切配合，帮助新创或迁移到该州的中小企业领取营业执照，介绍该州和地方政府的税收结构及相关城市法规，还帮助这些企业寻求风险资本的投资等；密西西比州仿照联邦小企业管理局的有关计划，设立小企业贷款担保计划，向提供新职位的中小企业提供贷款担保。南卡来纳州开发委员会与联邦小企业开发中心密切合作，向该州中小企业提供资助。

南部、西部地区的州和地方政府采取的上述种种政策措施和活动，对于加速经济发展发展发挥了积极的作用，促进了南部经济发展。

[美国经验的启示]

（1）美国支持落后地区发展经验的本质是解决了当地产业发展所需要的劳动力，即基础劳动力和创新创业人才的问题。

（2）如果没有赠地学院、农工商学院和旨在全面提升西部地区重要产业人力资源素质的职业教育，美国西部开发不可能成功。面向产业的职业教育是当地产业发展的关键。

二、德国的经验

1990年德国实现统一，与德国西部相比，东部经济相对落后，东西部经济差距非常大。当时东部地区国民生产总值仅为西部的11.8%，人均国民生产总值为西部的31.3%，生产力水平只有西部的1/3。

开始德国缩小区域差距的中心思想是通过经济资助、促进基本建设来支援东部困地区的发展，形成了以社会保障、国家转移支付为主要手段的区域政策。该政策主要应用财政手段，通过实施财政收入平衡法及财政补贴促使国民经济活动的空间均衡。为此德国建立了比较规范的区域财政转移支付，分为两类：第一类是财政性转移支付，其目的是达到各州及地方的人均税收平衡；第二类是收入性转移支付，其目的是州内各地区居民收入的相对均衡。另外，德国政府采用了建立“统一基金”方法对原东德地区实施财政援助。德国的区域政策有明确的法律依据，如《联邦基本法》《联邦空间布局法》《联邦改善区域结构的共同任务法》都规定了政府必须出资帮助落后地区实现区域经济平衡发展的目标。1990—2000年，德国西部对东部地区的资金援助累计多达16 000亿马克，用于解决东部地区的失业问题、改善投资环境及加大基础设施的改造，在一定程度上促进了东部地区的发展，缩小了东西差距。

但是，德国对东部地区的巨额投入加重了德国政府的财政负担，也使东部经济缺少有力的“造血功能”，养成了对政府的财政依赖，还引起了失业率上升等问题。于是后来，德国政府调整援助重心，更多鼓励创新和生产要素从西部地区向东部地区流动。其主要举措有：

（1）1998 年联邦政府经济部提出支持促进中小企业开展科研和科技创新的整套办法，把它作为推动德国东部经济发展的重要措施。

（2）在东部地区实施“工商企业研究开发人员增长促进计划”，该计划的主要目的是促进研究人员向东部企业流动。其主要内容是：为企业新聘科技人员提供一定数量的工资补助；位于东部地区的、具有独立法人资格的生产性企业和技术服务公司凡职工不超过 1000 人的均有权提出申请。该计划取得了很好的效果和巨大的成功。

（3）实施“东西部合同研究与开发计划”。该计划旨在加强西部地区企业与东部地区研究开发机构之间的项目合作，资助对象是承担西部地区企业研究开发合同的东部科研单位及研究开发公司。

（4）实施东西部资助有差别的“中小企业研究合作促进计划”。计划中对企业资助的比例规定东部地区高于西部地区：西部地区企业资助比例为 25%；而对东部地区分为 250 人以下的企业资助比例是 40%，500 人以下的企业资助比例是 35%，两种情况。

（5）实施“科技人员交流计划”，其中规定的科技人员交流补贴也是东部地区高于西部。西部企业或研究所仅可获得相关人员总工资 40%的补贴，而东部地区人员补贴率为相关人员总工资的 50%。

德国政府对东部地区企业发展的支持产生了巨大成效，快速推动了东部地区的发展。德国政府在开发东部地区过程中也存在一些不足，主要在于对人才的使用方面。由于制度和政治层面的原因，德国在实施东部重建的过程中，对东部原有的高层经济、技术和管理人才及有一定技术素质的员工弃之不用，私有化后的企业的高层管理人才和法律人才多从西部聘请，东部原有的多种人才因得不到安排而大量流失，人才资源浪费严重。

[德国经验的启示]

由于德国东部基础劳动力素质较高，德国政府实质上是通过着力推动和增加东部创新、创业的人才，使东部地区的经济得到快速发展。

三、意大利的经验

虽然经过多年的经济发展，意大利经济南方与北方之间仍存在很大的差距。南方科研机构和大学的基础相对薄弱，当地大学和科研系统的专业设置和研究方向与经济发展不相适应，制约了南方经济的发展。为此，意大利多次制定了南方发展计划。意大利“南方发展计划”是意大利政府在《欧盟扶持框架》支持下为南方制定的总体发展计划，已经完成多期。政府制订了与其相配套的国家实施计划（PON）和地区实施计划（POR）。

“南方发展计划”的战略方针：以可持续方式长期地提高南方的竞争力，创造能够保证充分就业的条件，使南方的经济增长率超过欧盟的平均增长率，提高南方居民的生活质量，显著缩小南方地区与北方地区社会经济的差距。“南方发展计划”强调利用当地的资源，通过技术创新提高南方企业的竞争力；加快区域经济网络的形成，支持当地经济融入国际市场；加强人力资源的开发和利用等。

“南方发展计划”的亮点是在人力资源方面，着力加强南方亟需专业的人才培养。包括有形和无形资产管理专业、金融专业、信息专业，以及其他与区域经济发展密切相关的专业；提高南方各级政府部门管理人员的素质，制定促进就业市场发展的政策措施，支持贫困人口的就业和脱贫事业。

[核心措施]

（1）大力支持企业的技术创新，明确企业的创新需求，帮助中小企业制订创新计划和研发方向；通过减免税收的办法鼓励中小企业采用新技术。

（2）支持南方战略优先行业的研究与发展，支持有关确保文化遗产、环境、农业、运输等战略优先行业的研究与创新项目及人才培养工作。

（3）开发人力资源，尤其是科技人力资源，提高人才素质。支持各类科技人员的进修培养项目，帮助南方青年就业，特别是支持扩大青年在信息、生物、环境保护以及先进服务行业的就业机会，加强与地中海国家在科技和高等教育方面的合作，鼓励高级科技人才去南方的科研机构或企业特别是中小企业工作；支持高级综合职业技术教育与培训试验项目。

[意大利经验的启示]

解决产业发展所需的劳动力是促进区域经济提升的关键。

第2节　我国西部兄弟地区经验研究

我国西部各兄弟地区也在探索解决人才发展“瓶颈”的方法。其中青海省、内蒙古自治区及四川省甘孜藏族自治州的经验和做法或值得参考和借鉴。

一、青海省

为落实青海省《中长期人才发展规划纲要（2010—2020年）》，2014年青海省出台了“昆仑英才”计划。“昆仑英才”计划分为三类：一是以引进海内外高层次优秀人才来青海全职服务的引才项目，简称“昆仑英才”计划引才项目；二是以引进海内外高层次优秀人才来青海短期智力服务为主要内容的引智项目，简称“昆仑英才”计划引智项目；三是以培养高层次创新创业人才为主要任务的重点支持项目，简称“昆仑英才”计划培养项目。

青海省对引才项目人才、引智项目人才的遴选标准：具有博士学位或高级专业技术职称，身体健康，年龄一般不超过50周岁。引才项目人才引进后在青全职工作时间不少于3年（或与用人单位签订不少于3年的聘用协议）。引智项目人才引进后在青海每年工作时间一般累计应不少于

3个月，且连续服务年限不少于3年。引才项目、引智项目人选应符合下列条件之一：

① 入选“中央联系的国家专家信息库”的专家。

② 中国科学院院士、中国工程院院士；国家级重点学科、重点实验室、工程技术（研究）中心的首席科学家。

③ 国家“千人计划”人选、“万人计划”人选、科技部创新人才推进计划人选、中科院“百人计划”人选、教育部“长江学者奖励计划”特聘教授和国家级教学名师、文化名家暨“四个一批”人才、对国家有突出贡献的中青年专家、国家杰出青年科学基金获得者、“21世纪百千万人才工程”国家级人选、“全国杰出专业技术人才”“全国优秀专业技术人才”“中华技能大奖”等国家级荣誉称号或奖励获得者。

④ 曾在省（国）外著名高校、科研院所、知名企业和金融机构担任技术领导职务或长期从事教学、科研、管理工作的学术技术带头人和优秀拔尖人才。

⑤ 省内优势、特色、高新技术产业等经济社会发展重点领域亟需紧缺的高层次专业技术人才和企业经营管理人才。

⑥ 经认定，可纳入青海省“昆仑英才”计划亟需紧缺高层次人才智力引进范围的各类人才智力。

青海省对培养项目人才的遴选标准是：具有硕士学位或高级专业技术职称，身体健康，年龄一般不超过45周岁，并符合下列条件之一：

① 科技创新领军人才。研究领域符合青海省科技发展规划确立的重点方向，在科技前沿和战略性新兴产业领域取得高水平创新成果，具有承担国家级或省级重大科技项目的经验，表现出较强的领军才能和团队组织能力。

② 科技创业领军人才。具有较高科研水平和专业技能，并应用科技成果创办科技型企业的科技人才，或具有较强企业管理能力和市场运营能力、能够转化高新技术成果创办科技型企业的经营管理人才。创办项目符合青海省行业领域重点发展方向和长远需求，或所创办的企业拥有自主知识产权和科技成果。

③ 哲学社会科学领军人才。热爱中国特色社会主义事业，拥护党的

路线、方针、政策，在哲学社会科学领域取得重大研究成果，代表学科发展方向并处于领先水平，主持重要学术、有实践价值的科研课题或领导重点学科建设的专业人才和科研管理人才。

④ 各类企事业单位专业技术人才。在本行业本领域做出重要贡献并取得较大业绩的高层次专业技术人才、专家和学者，特别是在全省经济社会发展重点支柱产业、关键技术领域中涌现出来的优秀人才和做出较大贡献的专门人才。

引才、引智和培养项目人才的遴选程序："昆仑英才"计划引才、引智项目人选，由用人单位根据岗位需求和条件标准确定人选名单后，按要求逐级上报，由省直行业主管部门、市州委组织部审核后申报，省人才办复审，专家评审委员会评审，省人才工作领导小组审批。"昆仑英才"计划培养项目人选，由用人单位推荐，省直行业主管部门、市州委组织部审核申报，省相关业务部门初评后报省人才办复审，省人才工作领导小组审批。其中，科技创新、创业领军人才由省科技厅初评后上报；哲学社会科学领军人才由省委宣传部初评后上报；各类企事业单位专业技术人才由省人力资源社会保障厅初评后上报。

青海省人才工作领导小组按年度人才工作计划确定最终引才项目、引智项目和培养项目人才名单。对确定的人才，分别颁发《青海省"昆仑英才"计划引进人才证书》和《青海省"昆仑英才"计划培养人才证书》。

经过遴选确定的引才、引智和培养项目人才可享受的政策待遇如下：

引才项目人才可享受的待遇是：省级财政给予 30 万元的一次性生活补助，"两院"院士还可享受 20 万元的一次性院士补助；由用人单位提供 100 平方米左右的住房，对本人愿意在青购买住房的，由省级财政给予一次性购房补贴 10 万元；配偶一同来青并愿意在青就业的，由用人单位按照相关政策规定妥善解决其工作。暂时无法安排的，用人单位可参照本单位人员平均工资水平，以适当方式为其发放生活补贴；可申报该省专业技术职务任职资格。其中，有博士学位但没有高级专业技术资格的，在青工作满 1 年，经考核合格，用人单位申报可认定副高级专业技术资格，聘任副高级专业技术职务满 2 年的，经考核合格，用人单位申报可参加正高级专业技术资格评审；到省内事业单位工作的，由用人单位和地区落实所需编制，确无空编的可持引进人才证书向编制部门专项申请事业编制；直接列入该省学术学科带头人管理范围，在专家选拔、科技项目立项、科技成果奖励等方面，享受该省同类人员同等待遇；对做出突出贡献的，可推荐参加各类国家级、省部级奖项的评选。

引智项目人才可享受的待遇：省级财政给予10万元的一次性生活补助，“两院”院士还可享受10万元的一次性院士补助；在青工作期间的住房由用人单位负责落实。

引才、引智项目人才均可享受的待遇是：经考核合格可分别享受每年5万元和3万元的青海高原生活补贴；用人单位可参照引进人才来青前的收入水平，协商确定其合理薪酬，也可以以技术、工作项目为核算单位，实行项目工资。对做出突出贡献的引进人才可实施期权、股权等中长期激励方式；可在来青后的居住地或用人单位所在地落户。已落户的，夫妻双方可向户籍所在地区县（市区）级计生部门申请生育指标；子女可按照本人意愿，选择省内公办学校就读。引进人才及其子女户籍迁入我省且家长在青在职，其子女当年可在青海省参加高考；在青取得省级财政的一次性补助、高原工作补贴和购房补贴所缴纳的个人所得税地方留成部分按100%予以补贴；可按规定参加该省基本养老、基本医疗、失业、工伤、生育保险。用人单位也可在此基础上再为其购买商业保险。用人单位每年组织引进人才进行一次健康体检。两院院士，以及经“千人计划”“外专千人计划”“青年千人计划”平台引进的人才可享受副省级干部医疗待遇；在青创办战略新兴型企业的，可享受省内有关技术创新、项目前期费、项目投资等补助资金；作为项目主要完成人，依托用人单位完成自主开发（含二次开发）技术创新项目后，在该项目实现的税后利润中，可与单位协商提取一定比例作为回报奖励资金。

培养项目人才可享受的待遇是：提供5万～10万元的一次性特殊支持；省委宣传部、省科技厅对培养项目人才给予必要的科研项目支持；省人力资源社会保障厅在优秀专家、专业技术人才选拔和评定职称时，在同等条件下给予倾斜。

对列入“昆仑英才”计划的优秀人才可优先推荐为党代表、人大代表和政协委员人选；具备领导干部相应素质和资格条件的，根据领导班子建设需要，可优先列入拟提拔领导干部后备人选；在申报科研项目、配备科研力量等方面提供必要支持，注重发挥其在团队中的核心骨干作用；用人单位和相关部门优先支持“昆仑英才”计划引才、培养项目人才出国研修，到国内重点院校、科研院所深造，参加国内外学术技术交流活动。

对引才、引智和培养项目人才的考核奖惩机制为：由用人单位对“昆仑英才”计划人才的履职情况和业绩成果等进行全面考核。对在青期间工作积极、连续三年考核优秀，并做出重大贡献、取得重大成果的，每三年进行一次奖励，奖励额度不少于 20 万元，并授予“青海省高层次优秀人才”荣誉称号；因个人原因未履行协议或擅自离开青海的，取消其享受的相关待遇；对提供虚假信息，造假作假，骗取荣誉、待遇等行为的人员，一经发现，将严肃处理，收回证书、追回已享受的相关待遇，并视情节追究有关负责人法律责任；因用人单位和推荐部门审核把关不严等失职渎职，造成恶劣影响和严重后果的，将追究相关用人单位和主管部门的责任，并追缴已发放的物质奖励等。

二、内蒙古自治区

内蒙古自治区自 2001 年开始设立“人才资源开发基金”，已经超过 15 个年头。内蒙古自治区人才资源开发基金，集中用于挖掘人才资源、优化专业技术人员队伍结构、重点培养高新技术人才和引进亟需的高层次人才上，鼓励广大专业技术人员深入工农牧业科研、生产第一线发挥智力优势，为内蒙古自治区经济腾飞做出贡献。内蒙古自治区由内蒙古自治区党委办公厅、组织部、自治区政府办公厅、发展计划委员会、经济贸易委员会、教育厅、科技厅、财政厅、人事厅、卫生厅等部门的负责同志组成自治区人才开发基金管理委员会，基金管理委员会办公室设在人事厅。办公室主任由委员会成员兼任。

内蒙古自治区财政每年从预算内为人才开发基金注入 500 万元。人才开发基金实行专户管理，集中使用。基金的利息收入要及时列入基金总额。基金主要用于人才的培养、使用和引进工作。资助工作必须有利于满足西部大开发对人才的需求，有利于推进自治区技术创新和高新技术产业化的发展。接受资助人员必须具有扎实的理论研究基础，必须是高精尖人才，人事对自治区经济、社会发展有重大意义的科研项目、研究的人才和引进的急需人才等。资助项目必须是水平领先，具有可行性。享受资助人员所在单位必须具有支持享受资助人员科研、工作的环境与条件，要匹配必要的经费。基金使用范围为：

① 引进急需高层次人才。

② 留学回国人员生活、科研资助。

③ 资助优秀人才参加重要的国内外设中层次学术科研交流活动、出版有重大学术价值的专著。

④ 参加国家和自治区统一组织的定向专业培训。

⑤ 资助已立项的研究课题主持人。重点资助对国家和自治区经济建设影响较大的科研项目、高新技术项目及其他急需发展的学科项目。

⑥ 基金委组织的国内外考察、培训等科研活动经费。

⑦ 博士后工作（流动）站进站人员补贴。

⑧ 开展表彰人才工作业绩突出的单位和个人所需经费。

⑨ 基金委办公室每年的办公费可按基金额的 3%提取，用于基金委每年组织专家对资助项目进行论证、印制项目申请书等日常开支。

⑩ 其他需要资助的项目和人才。

2015 年内蒙古自治区人才开发基金使用项目：高层次人才个人项目 46 个，资助金额共计 221. 5 万元。

三、四川省

本书仅介绍四川省甘孜藏族自治州的发展经验。

四川甘孜藏族自治州以“百千万康巴英才工程”为统揽，实施“急需紧缺人才引进计划”“紧缺专业人才定向培养计划”“本土人才自主培养计划”三大计划。

2015 年，甘孜州共引进各类人才 1900 余名，其中，引进清华大学、北京大学硕士以上毕业生 4 名，其他“985”高校毕业生 8 名，引进“博士服务团”成员 3 名。开展了大学生创业培训 91 期、1298 人。建立省级认定大学生创业孵化基地 1 个，入驻创业者 6 户。发放创业补贴 200 万元，提供担保贷款 4972.6 万元，促进 851 名大学生成功创业，带动就业 1462 名。在加力完善人才工作机制中“留才”：出台人才招引政策，引进高层次人才享受 20 万~30 万元安家补助，“985”高校本科毕业生享受 5 万元安家补助。

建立人才关爱制度，实施高端人才旁听州委重大决策制度、高端人才享受厅级干部同等体检待遇等制度。强化人才激励表彰，对引进的高、中端人才，分别给予每月 3000 元、1000 元的“康巴英才”工作奖。截至目前，共评选 3 类优秀人才 2308 名，其中，高端人才 20 名，优秀中端人才 153 名，优秀基层基础人才 2135 名。

定向培养为人才匮乏“解渴”。比如，由于文物博物专业属比较冷门而又要求极高的专业，本地高中毕业生无人报考此类专业，而外地人才又很难引进，多年来，州县未能引进或考聘 1 名文物专业人才，这样的事例并非个案。甘孜州专业人才量少质弱、青黄不接，已成为制约经济和社会发展的最大“瓶颈”。甘孜州基层专业人才缺额达 3000 多名。存在“本地学生考不起，外地人才引不进，引进人才留不住”的现象。以 2008—2012 年为例，全州招录本科以上事业人员 1137 人，辞职 363 人，考进但不报到 80 人，流出州外 114 人。

发展离不开人才支撑和智力支持。甘孜州政府下决心要啃下人才匮乏这块“硬骨头”。2013 年起，甘孜州实施订单定向培养本土紧缺人才计划，连续 4 年为全州各行业培养 1540 名各层次紧缺专业人才。目前，在西南民族大学、四川财经职业学院等 9 所本专科院校和甘孜州职业技术学校，有 700 余名订单定向生，他们所学的是甘孜州 15 个紧缺专业，毕业后将回州服务当地经济、社会发展。

定向培养需要培养高校拿出专门的招生指标，设置适合甘孜州实际的专业，高校是否愿意设立甘孜州实际所需的专业是关键。为此，甘孜州政府先后与西南民族大学、四川民族学院、四川财经职业学院等 9 所本专科院校签订了战略合作协议，搭建“院（校）州合作”平台，确保本土人才“进得去”。西南民大就将政策范围定向招生计划全部用于招录甘孜州定向培养专业人才。2013—2015 年，该校招收了动物医学、动物科学、文化产业管理、旅游管理、电气信息工程及其自动化5个订单定向专业的学生共147名，是培养订单定向学生最多的院校。

甘孜州高中教育薄弱，尽管国家给予了特殊的照顾政策，但本地学生考上大学的很少。按照国家现行定向招生政策，不能降分录取，且只能定就业方向，不能定生源，要将生源锁定在甘孜州范围内又是一大难题。于是甘孜州反复研究国家招生政策，特别是对民族地区的优惠政策进行了逐一梳理和研究，确保把政策用好用足。甘孜州一方面充分利用省内高职院校面向藏区试办高中起点“1+2”模式高职教育锁定本州生源，定向培养专科层次紧缺专业人才。定向培养学生入学后，设置单独的“甘孜班”进行教学。另一方面充分利用双语专业招生优势，积极对接相关院校，将部分定向培养专业设置为双语类专业，解决本州学生的入学问题。

在实施订单定向培养本土紧缺人才计划中，对成人高考本科类、普通高考专科类进行人事前置考试是一大创新。每年在高考后拿到成绩前，由州人社局及州级行业主管部门组织人事考试，以人事前置考试成绩排序确定预培养对象。在学生入学前凭其定向培养学校定向培养专业的《录取通知书》把学生预录到相应工作岗位，并由县人社局、用人单位与学校、学生及其家长签订《定向培养协议》。培养对象在合格毕业后，由州人社局统一办理聘用审批手续，纳入事业编制管理。

针对本科类人才，则实行双向考核聘用。普通高考本科类学生入学后签订《定向培养协议》，合格毕业后，由州人社局投放专门岗位对其进行考核聘用，纳入事业编制管理。

为让这些学生学的知识毕业之后用得上，培养高校与甘孜州政府、各用人单位积极沟通交流，并根据人才培养目标、专业特点和发展趋势，专门制定了单独的人才培养方案。

西南民大为订单定向学生开设《甘孜州地方史》等课程；根据用人单位的建议，开设公文写作与科技论文写作课程；考虑到订单定向学生学习基础相对较差的情况，特别是理工科课程，专门聘请经验丰富且同样来自藏区的老师为他们授课。

为更好适应甘孜州经济社会发展，培养学校也不断完善专业设置。2015年，省内9所本专科院校和甘孜州职业技术学校为甘孜州各行业定向培养21个紧缺专业技术人才。与2014年相比，新增加了文物与博物馆学、化学（双语）、广播电视技术、道路桥梁工程技术、植物检疫（保护）、农产品质量安全等9个专业。

[发展经验借鉴]

管理层的理念决定发展。根据对国外和我国西部兄弟地区发展经验的研究，我们发现只有针对产业的人力资源开发，才对产业的发展具有直接的推动作用。各种经验表明，成功的关键是针对欠发达地区的需求采取对症举措，缺什么补什么。实现的手段是多种多样的，首先不能忽视的是欠发达地区的真正需求，其次需要针对需求采取相应举措。四川甘孜州的做法具有实效性，值得西藏借鉴。

第5章　西藏产业和人才发展解决之道探索研究

根据前文分析，发展产业肯定是国家实现“长期建藏”目标所绕不开的，而不解决产业所需求的基本人才问题，西藏产业则无从发展。西藏地处世界第三极的客观环境条件，其支撑产业发展的人才问题是否可解，以及如何解决，是本章欲加以认真探讨的。

第1节　可行性研究

据一些（包括长期在藏工作的）人讲，西藏发展落后，加之海拔高对身体影响大，人才问题是不可能得到解决的。尽管从直观上来说，这些人讲的原因确实客观存在，但我们对其简单的因果关系判断不敢苟同。未经可行性研究仅凭某些现象即下武断结论就只能是一个主观判断，不足为据。可行性研究是做任何事情之前必须认真开展的工作，如果通过分析研究认为不可行，那就不必努力了。但是如果可行，就必须认真努力去实现它，有针对性地着力解决相关问题（图5-1）。

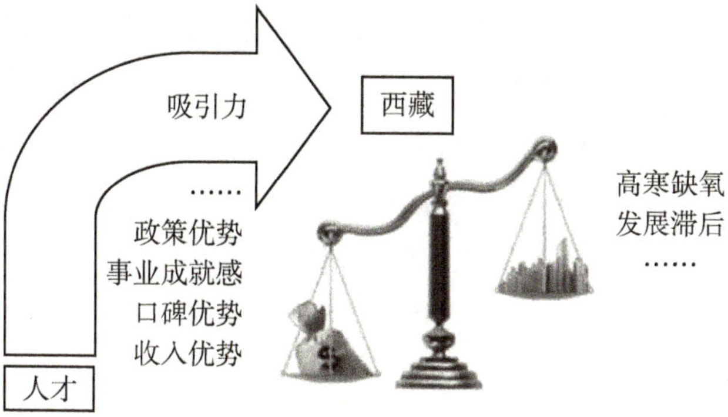

图5-1　西藏人才引进可行性研究示意

一、关于人才需求数量

西藏人才绝对数量确实“奇”缺，然而我们也需要注意到，西藏人口规模小，满足生活在这片土地上人的生存和发展需求，经济、产业规模实际上不需要很大。西藏虽然地域广大，面积达到 120 万 km^2，但是经过这些年的增长西藏人口现在也仅有 318 万人，尚不足北京市海淀区的常住人口数量（2010 年 328 万人），人口规模总体与内地一个中等城市人口数量差不多。西藏的经济发展，是以满足当地居民的自生发展为目标的。人口规模小，经济总量要求自然不高，人才供给数量只要满足经济发展需求即可。因此，西藏实际所需要人才绝对数量其实也并不大。只是目前的数量离需求量还差很远。

由此可见，西藏解决人才问题的要求实际上比人口规模大的其他欠发达地区相对低很多。这是解决西藏人才问题的优势，我们必须首先认清这一点。一些人口规模大的欠发达地区已经通过努力在不同程度上解决了发展中的人才需求问题，如前文所述的四川甘孜等地区。西藏有人才需求总量小的优势，且门槛低。西藏科技人才的实际需求数量更小，加上中央援藏的大力支持，西藏解决人才发展尤其是科技人才需求问题已具备基本的可行性条件。

二、关于人才引进的理论依据

对于本地暂时无法提供，而经济、社会发展所需要的人才是必须通过引进来解决的。西藏地处世界海拔最高的青藏高原，人才引进的难度显而易见。高寒缺氧是成为其引进人才发展的天然条件劣势。但是否由此就可以断定西藏对人才没有任何吸引力，不会吸引到人才参与西藏发展了呢？

俗话说：“人往高处走，水往低处流。”“水往低处流”的确是符合自然规律的：水受到重力的作用，就会沿着重力引导的方向流动。然而在某些情况下，即在抵消了水的自身重力作用的情况下，水也会实现“往高处流”，如虹吸（图 5-2）、压力水泵、喷泉（图 5-3）、连通器等。

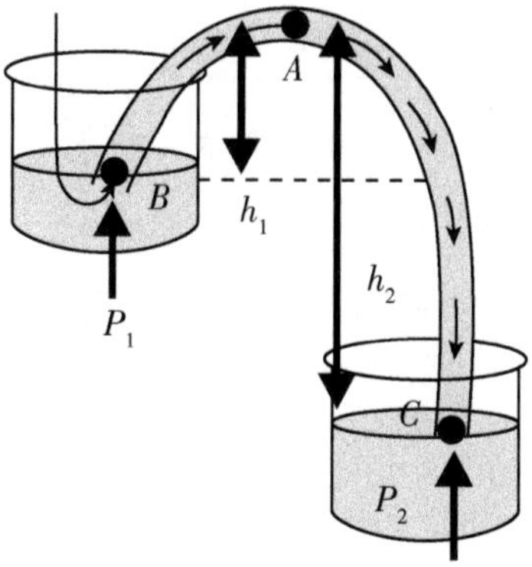

图 5-2　虹吸

图 5-3　喷泉

但俗语中所说的“人往高处走”，实际只是一个比喻，是指人会像水一样往对自己吸引力大的方向自然而然地行进。“孔雀东南飞”、北上广深、区域中心城市等，都是因为这些地区本身具有强大的吸引力，而造成人才朝向这些地区的自由流动。

西藏是否具有吸引力？本项目在问卷调查表中专门设计了一个问卷调查题目：“排除高原气候环境因素，是否愿意在西藏发展?”（详见框文）通过问卷结果分析，我们却意外地发现，居然有高达85%的被调查者选择的答案是“是”。我们在访谈中把西藏换成了新疆、青海、宁夏等地方对问卷的一些被调查者进行了相似问题的询问，大部分人的回答都是“不会”。虽然该对比不具备严谨的样本代表性，但是这样的调查结果还是强烈地说明了一个问题：相比较于其他欠发达地区，西藏自身的吸引力还是非常强大的。

问卷调查结果

●假设您在西藏工作或是有意愿来西藏发展，您认为让您留在西藏的理由是（吸引因素排序综合得分）：

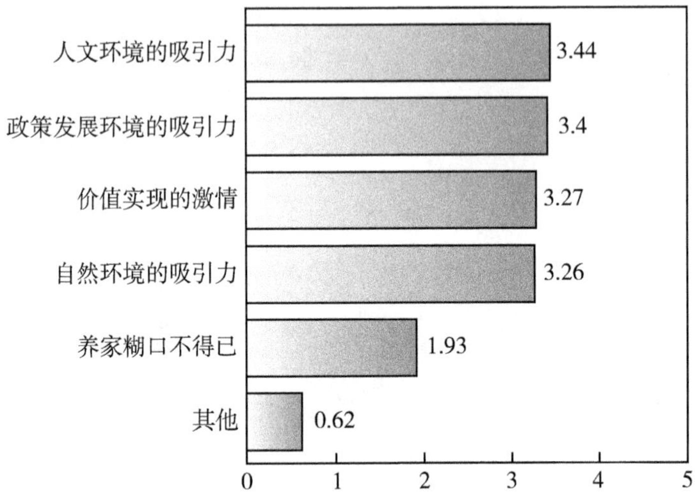

●假设您目前在西藏却非常想离开西藏，或者想来西藏发展却经权衡最终放弃，您认为其中的原因是（放弃因素排序综合得分）：

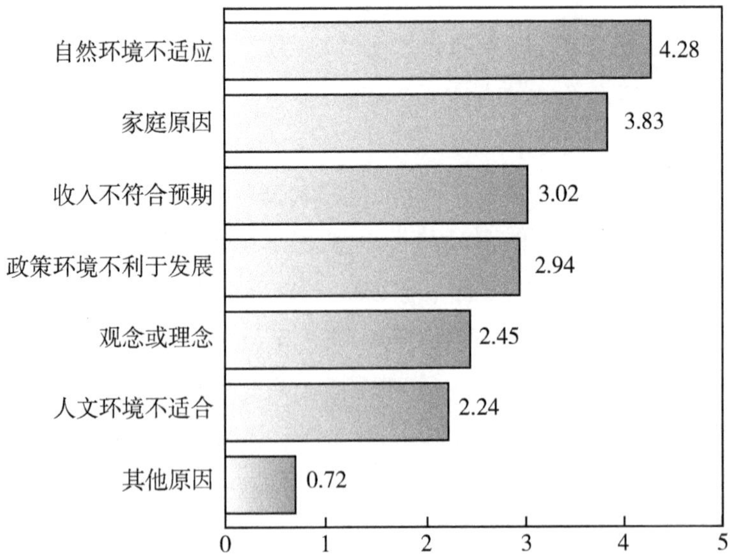

西藏是自然、人文特色资源都非常独特和充沛的地区，这些特色资源为西藏提供了强大的自身引力场，这是西藏发展的优势。我们确实必须认清这一点。然而，因为高原缺氧、经济环境等一些因素，抵消了一部分西藏本身的吸引力，使得西藏吸引力大打折扣，而不能获得其自身吸引力可以吸引到的人才数量。

令人欣慰的是，全国甚至全世界都不乏很多热爱西藏这片土地，以及这片土地所带来的事业的人。根据西藏自然科学博物馆较为权威的数据统计，截至 2016 年，由于在青藏高原相关研究中做出贡献而获得院士荣誉的高达 47 位。从中可见西藏对于科技人才科研事业的魅力和支撑之强大。我们的问卷调查数据还显示出：在选择“是”的被调查者中，来自企业的比例高于平均水平。这说明在西藏发展对于企业人士更有吸引力。

真正的高层次人才往往非常更为重视“自我实现”的需要，对事业感、成就感、发展前景格外看重。现在问题的关键为如何才能将对事业有热情的人用西藏的“吸引力”“引”到西藏这片热土之上。也许我们可以借鉴“水往高处流”的实现原理，用一些人为的方式抵消高原缺氧带给西藏的不利条件，让其本身的吸引力得到更多地显现。

人是经济和技术的载体。要将人引进来，没有事情做是不行的。因为没有事情做，有能力的人是绝对不会长久在一个地方待下来的。国家通过行政力量实施了大量援藏项目，给西藏带来了发展的资金，同时也带来了一些执行项目的人才，但是项目和人才都是短期存在的，项目结束了，资金用完了，人才也就走了。那么资金和技术是否会主动往西藏这样一个欠发达地区转移呢？

我们看到，无论是在世界范围还是在一国范围内，经济和技术的发展往往都是不平衡的，都在客观上具有经济和技术发展的梯度。目前，经济和技术转移的梯度理论认为，科学技术在空间上的转移，是首先由有条件的高梯度地区引进掌握先进技术，然后逐步依次向处于二级梯度、三级梯度的地区推移。

在经济学中还存在一种反梯度理论，说明技术向欠发达地区的推移也是可行的。其理论依据在于：一方面扩散地区存在内在动力和外来压力，愿意扩散出去，另一方面接受地区存在接受扩散的引力场。引力场是由劳动力场、资源场、区位场、市场场、技术场、资金场等要素构成。其中资金场、技术场通常出现在发达和较发达地区，这是因为新技术的开发、新产业的建立往往耗资大，对原有的技术基础要求高。而在不发达地区，也存在引力场，可以以其资源场、劳动力场或区位场来吸引对技术基础要求不太高的产业。经济和技术推移的方向，主要取决于接受地区引力场的状况。

梯度理论强调经济和技术从高梯度的发达地区向欠发达地区转移；反梯度理论则表明技术向欠发达地区转移也具有可行性。对于技术而言，反梯度理论认为只要条件具备（贸易发达、自然资源充沛、生产力和智力发达，三者具备其一即可），先进的技术也可以超越发达地区而直接转移到欠发达地区。

人才是技术的承载者。根据反梯度理论，我们认为西藏地区是有条件实现特定领域技术和人才的反梯度转移，获得产业发展所需要的足够人才的，条件是必须通过一些有成效的手段部分抵消高原缺氧和环境因素带来的不利影响，同时不要再增加其他吸引人才的负面作用力。

因此，我们认为通过面向重点产业需求，一方面着力培养相关人才，另一方面通过政策手段有针对性地引进或利用，加上中央援藏的大力支持，西藏解决产业发展的基本人才需求以及科技人才需求是具备可行性的。

但是我们必须意识到，“可行”并不意味着“易行”，更不意味着“就行”。可以肯定的则是“难行”。高寒缺氧等环境因素对西藏引进人才极为不利，特别考验政策的水平和实施成效。我们必须认真地研究和思考对于科技人才而言，到底哪些因素可以对抗“高寒缺氧”，需要什么样的“吸引力”方能抵消“高原效应”，以及每种因素在不同发展阶段的特点和作用力大小。可以肯定的是如果没有具有针对性的战略措施，没有特殊有效的手段，是绝对不可能达到所期望的目标。

第 2 节　人才供给策略分析

一、人才与经济、产业发展阶段匹配分析

西藏经济发展与产业发展不匹配，与人才供给状况也极不匹配。图

5-4为1985—2015年西藏经济、产业、人才的主要数据增长趋势。如果我们仅从对口援藏政策实施开始的1995年以来看，到2015年的21年期间中，西藏经济（地区生产总值）增长了17.3倍，国家财政补贴增长了32倍，而从业人员仅仅增长了86%，西藏经济增长与国家财政补贴的增长基本正相关，而与工业产值和从业人员数量增长不相关。同时，工业产值与从业人员数量相关性较强，而与地区生产总值之间基本不相关。在经济和投资高速增长的前提下，从业人员增长幅度相对非常低，要么是源于生产率的大幅度提升，要么是由于不符合经济、社会发展规律的其他因素造成。从产业产值增长幅度看，前者情况对于西藏似乎并不存在。

要维持经济长期可持续增长，产业必须与经济增长匹配，人力资源（包括数量和质量）要与产业发展匹配。因此，为达到经济协调、长期可持续发展，西藏必须尽快在产业和人才发展方面给予足够的关注和努力。

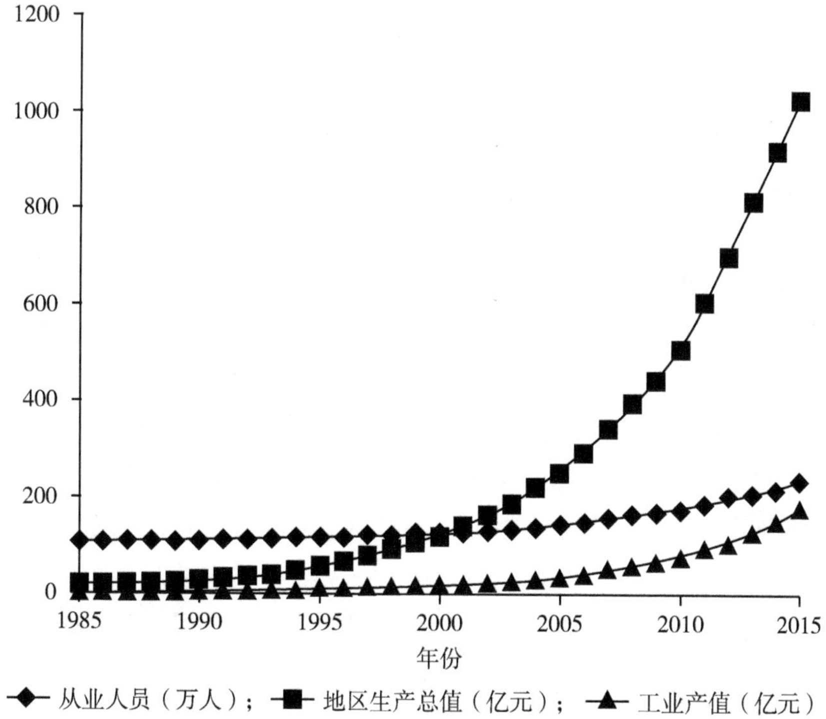

图5-4 西藏经济、产业、人才增长状况（1985—2015年）

数据来源：《西藏统计年鉴2016》。

二、人才供给策略分析

支撑重点产业发展应当是制定西藏人才供给战略的出发点。一个地方往往是靠产业这个载体“聚”到更多人，大多数人也是通过产业这个有形载体获得生存依靠，以及自身价值实现的人生事业。一般而言，人的因素是不会先产业发展而自然具备了的。一个地区在确定了产业发展方向之后，往往需要通过有目的地实施相应的人力资源培训计划来配合相关产业的发展。西藏自治区确立了“一产上水平、二产抓重点、三产大发展”的基本经济发展战略，并且确定了一批重点发展的特色优势产业。为实现这些产业的发展，自治区采取了大量举措，取得了初步的进展。然而，在以往的基础上，今后必须更多地通过有目的地实施相应的科技人力资源培训及引进计划以配合相关产业的发展。

首先，西藏存在的问题是人才数量的“奇”缺，因此现阶段西藏人才发展关键是量的积累，即绝对数量的提升。其次，人才数量的提升并非盲目，必须是有侧重和有意识地推动。西藏人口少，经济基础薄弱，不能什么都搞，分散有限的人力资源。产业发展具有行业性，各产业所需要的人才具有专业性，因此人才供给应该针对具体产业，更多地针对重点产业，发展科技人才的提升。

同时，在一个产业内部，人才需求是分层次的。人员需求层次从高到低大体可分为：创业人才、创新人才和基础性劳动力[①]（图 5-5）。我们将基础性劳动力还细分为普通专业人员（管理人员、会计、司机等）和普通基础人员（操作人员）。对产业发展来说，每一类人员都不能缺少，各类人在企业内部形成一个协同工作的生态群体。然而，企业对各层次人员数量的要求，以及各层次人员对企业发展的重要程度是有极大不同的。对大多数产业而言，企业对基础性劳动力的数量要求很大，创新人才和创业人才虽然要求数量相对少很多，而他们对于企业生存和发展至关重要，其作

① 本书所指的创业人才是依靠自身专长通过自筹、融资、合作等方式创业的人才；创新人才是指具有技术特长受聘为全职或兼职技术专家岗位的人才。本书所指的基础性劳动力是指企业发展除了以上两者之外所需要的人力资源。

用是基础性劳动力不能替代的。需求是分层次的，人才供给也需要分相应的层次。

从西藏产业人才供给侧看，由于产业规模小，当前西藏产业容纳的就业数量实际上非常有限，即使如此，由于人力资源质量达不到需求，实际目前各产业各层次人员从数量上和质量上都与产业需求差距都很大。面对西藏未来产业发展的要求，西藏人才的差距就更大了。由于很难获得各层次人才的具体数量和质量，在此我们仅根据实际调研及问卷调查中各方面提供的情况，按照创业人才、创新人才、普通专业人员和普遍基础人员，对西藏各层次人才数量差距绘制出示意图（图 5-5）。

西藏发展必须从人才供给侧对人才供给结构、科技人才供给结构进行数量及质量的比例规划，分阶段针对各层次人才需求制定相应的供给策略。人才的培养、引进人才和使用人才是人才供给最重要的 3 个方面，西藏需要制定针对现阶段的相应明确的策略。

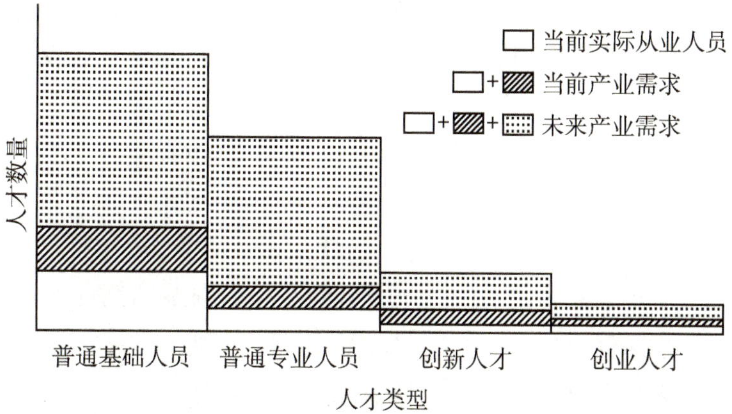

图 5-5　西藏产业人才的供给侧——类型及数量差距示意

（一）培养人才

西藏应当将现阶段着力点放在解决本地基础性人才和中等层次人才的供给数量和基本质量提升上。西藏人才之道：应该是“求人先求己”，然而，目前西藏总的情况是：对自己培养的人才不够重视。

从西藏现阶段的实际产业发展特征和需求看，目前西藏的产业发展并不需要太多的高层次人才，而更多需要的是大量中层和基层人员。西藏本地解决达到现代产业需求的基础性劳动力是否具有可行性呢?改革开放后深圳和一些沿海开放地区的发展之初，也是连满足产业发展基本需求的基础性劳动力都没有，他们通过大量移民和引入农民工，逐步解决了劳动力资源的数量需求和层次需求问题。然而这对于西藏不现实。西藏海拔高、自然条件恶劣，自发的大量移民根本不可能。对于基础性劳动力，西藏必须倚重当地劳动力素质和能力的提升，靠本地培养。因此，西藏解决基础劳动力最为现实的做法是下大力气对本地人员进行培养和提升。

由于历史的原因，西藏的现代学校教育起步晚，水平相对较低，在现代教育体系下的学生成绩普遍低于内地学生。然而，这并不能说明西藏劳动力不能达到现代产业的要求。藏民族是一个非常有文化底蕴和创造力的民族，藏民族在高寒恶劣环境下几乎独立地创造了璀璨的文明，其祖先独立选育出了适合高原生长的主要粮食作物——青稞，纯牧区居民可以利用牦牛制品来解决吃穿用住的所有问题。藏民族创造了自己的文字、历法、医学、艺术等，其文化成就令全世界着迷。只要采取有针对性的适宜的方法和举措，藏族同胞是可以达到现代产业对基础性劳动力素质要求的。通过战略调整，西藏花大力气围绕特色产业发展，着力培养相关实用的人力资源。西藏本地解决达到现代产业需求的基础性劳动力及基本技术人才是可行的。

（二）引进人才

然而对于产业发展更为关键的创新创业人才，依靠西藏自身解决则是不现实的。创新创业对人才素质、经验、水平等都要求较高，西藏目前在这方面的人才与产业需求之间的差距非常大。西藏本地高等院校、专科学校数量少，师资力量相对薄弱，专业人才培养的数量少，同时还存在非常突出的学不致以用现象，因此西藏本身能够提供的人才就更少。创新创业人才必须靠两方面解决：一是通过政策手段有针对性地引进或利用，解决产业发展所需求的高层次人才，二是通过加强针对产业人才的重点培养，转变学不致以用现象，逐步增加西藏本地创新创业人才数量。

人才引进有两种方式，一种是把人引到西藏来，即把档案关系、社保、医保、家庭等都引进来；另一种是“不求所有，但求所用”。前者对个人、家庭的影响很大，后者相对灵活。两种引进方式的目的都是让引进的人才为西藏的发展做贡献。有句话说得非常在理："人在不一定做事，而心在才会做事，不管人在哪。"

（三）使用人才

培养人才和引进人才是为了增加人才的数量及提升人才的质量。新培养的人才和引进人才与原有人才一起，构成了西藏的人才储备。但是人才储备只意味着拥有了使用人才的可能性，人才如果没有得到使用或没有精准使用，人才的实际拥有量会打折扣。图 5-6 说明了人才拥有量与人才实际使用量之间的关系。

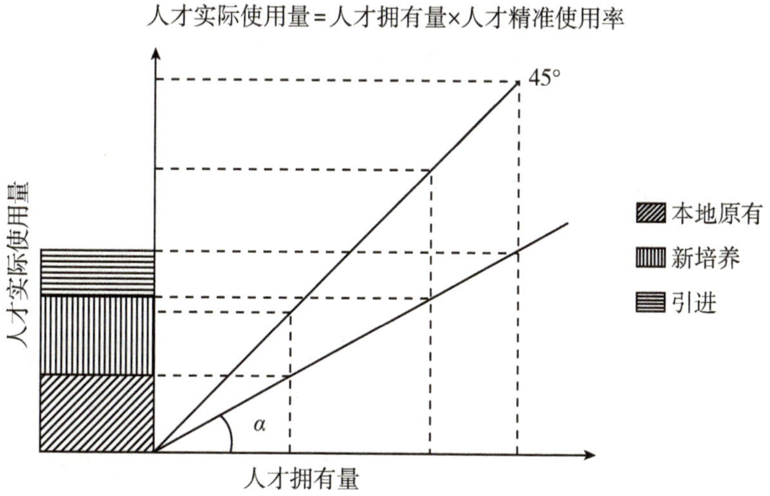

注：人才精准使用率=tan α（0<α<45°），α=45°时为人才最大使用量。

图 5-6　人才拥有量与人才实际使用量之间的关系

如果人才精准使用率很低，人才储备即使再多，那也就意味着实际没有拥有那么多人才。比如，近些年西藏每年培养近 8000 名学习各种专业的高等院校毕业生，但是相当高比例的人没有学以致用，从事了不需要太多专业知识或能力的工作，所培养人才仅有部分能力获得利用，则人才精准使用率（$\tan\alpha$）是很低的。如果人才实际使用量远远低于人才拥有量，则说明人才被大量浪费，十分可惜。

人才精准使用率（$\tan\alpha$）的数值范围是 0~1。当 $\alpha=45°$，人才精准使用率 $\tan\alpha=1$，人才得到"精准使用"，人才储备得到最大使用，没有任何浪费。也就是人才被“用好”了。所谓用好人才，就是让人才在其可以适宜的岗位上工作，发挥出最大潜能，获得事业成就感与人生价值实现的感觉。换句通俗的话说，就是“对的人做了对的事”，所有人才在合适的岗位上发挥出其才能，没有被浪费，使用效率达到最大。这是人才使用的理想状况，也是政府和社会在“人尽其能”方面应当努力的目标。

提高西藏人才尤其是科技人才的精准使用率是非常重要的，因为西藏本身人才储备量很低，如果使用率再低于全国水平，实际能发挥建设西藏作用的人才就更少了，无法支撑西藏经济、社会和稳定发展的要求。目前用好现有人才的政策手段和方法匮乏，对吸引人才产生负面影响。这必须引起中央和自治区的极大关注。

用好现有人才是吸引更多人才的磁石。人尽其用，用好人才，才能使西藏获得最大的吸引力。诚然，提高收入及其他待遇可以对人才产生一定吸引力，但如果一个人能从在西藏从事的事业当中获得成就感，这比获得收入、待遇等物质所产生的吸引力大得多。用好现有人才也会使更多学生看到，献身西藏经济、社会发展所需要的事业会有与之相适应的回报，这会激发更多人自发地接受良好的教育、提高自身能力。因此，无论是提升西藏对人才吸引力获得引进科技人才，还是提高科技人才培养成效来讲，最有力度的手段是用好人才。

第3节　现阶段西藏科技人才解决之道：“精准思维”

根据前文研究分析结果，本项目研究提出现阶段西藏科技人才解决之道：“精准思维”的总体思路是实施“精准人才战略”—供给重点产业—经济发展—解决就业—提高收入—保障稳定与发展。

该方案的核心思想是：为使西藏现阶段快速而有效地缩小人才需求缺口，最有效的方法是面向重点产业需求，采用“精准思维”，推动实施“精准人才战略”。

本书提出“精准思维”，实际上是借鉴了习近平总书记关于“精准扶贫”的思想精华。所谓“精准”具有两层含义：一是时间上的精确；二是空间位置上的准确。《道德经》有言：“图难于其易，为大于其细。天下难事，必作于易；天下大事，必作于细。”现实矛盾都是由一系列具体问题累积起来的，“精准思维”是一种非常务实的思维方式，强调具体和准确，目的是使动作精准到位，从一个个具体问题入手，在一个个具体的点上解决问题，以积小胜为大胜。精准代表了一种做事情的方法和态度：成大事者必以精准思维、精准做法为遵循，方见成效。精准思维的要义，用通俗的话说，就是“对症下药”。

所谓“精准人才战略”就是针对产业发展的需求提供精准人才供给。精准的反义词是粗放。精准人才供给的反面是粗放人才供给。粗放供给，就是不管需要什么，先按既有生产体系生产出来再说，用得上就用，用不上也没有关系。我国在计划经济时代基本上就是这样一种供给和消费的关系。现在这样的方式在经济领域已经很少见了，但在人才供给上似乎还一直在延续。目前西藏人才供给就是粗放式的，“漫灌”式的，教育培养、人才引进、人才使用针对性都不强，先“供”了再说，用得上用不上与供给者似乎没有关系。

精准人才供给方式就是针对不同情况，运用科学有效的程序对产业需求进行精确识别，对人才进行精确供给，以及对于供给和使用进行精确管理。精准人才供给方式的核心是需要什么人才，就采取措施提供什么人才。这有些像经济领域当中，按照市场对商品需求来确定生产什么，以及生产多少。针对西藏对科技人才需求、需要，实施相应的精准人才战略。

“精准人才战略”分为3个主层次：“精准人才培养战略”“精准人才引进战略”“精准人才使用战略”。3个主层次面向的是人才自身培养、外部引进和有效使用，紧紧围绕的是西藏面向重点产业需求的人才数量、质量提升及人才利用效率的提升。除此之外，西藏精准人才战略还包括“精准就业”和“精准人才援藏”两个辅助方面。

1. 精准人才培养战略

西藏现阶段的着力点应当放到解决基础性人才和中等层次人才的供给数量及质量提升上，从精准思维出发，为经济、社会发展“精准培养”所需人才。教育投资是人力资本积累的主要方式。西藏的教育不能再走老路，不能再按照原来的方式进行了，应为产业发展提供足够的当地熟练劳动力和管理人员。为达到该目标，自治区必须调整教育方针，调整投资及教育和培养方式，尽快根据重点产业发展人才需求调整各类学校教育专业招生比例，在此方针指导下加大教育投入才是有意义的。重点支持基础教育和职业教育的投入，对高等教育的投资保持适度规模。调动民间资本的积极性，制定政策吸引民间资本参与针对重点产业人才需求的学校设立和技能培训。使得“产业发展—人才培养—就业”形成良性循环。

2. 精准人才引进战略

由于西藏处于人才积累的初级阶段，从现阶段特点出发，从对人才的吸引力大小分析出发，有针对性地提升西藏吸引力是西藏人才引进工作的要点和基础性工作。在这个阶段，目前通过提供“高工资收入和待遇”（有人称为“粗暴式”激励手段）引进人才的发展阶段恐怕还是不可逾越的，也许还是现阶段提升吸引力的主要手段。用好人才是西藏提升吸引力、以稳定获得引进人才的最有力度手段。

3. 精准人才使用战略

如何在西藏用好人才，是一个值得花大力气深入研究的大课题。不妨尝试重点提升对个人和团队的支持力度，将资金精准投入在人才或团队上面，设立“精准人才使用计划”，实施“精准人才”支持策略。具体实施可以将人才或团队分成层次或不同等次，提高精准度。

4. 精准就业

西藏的就业指导政策对于人才精准使用率影响很大，目前的就业政策是需要做较大调整的。欣喜的是，《西藏自治区“十三五”时期国民经济和社会发展规划纲要》已经对此做出规划，指出：“坚持市场化方向，引导高校毕业生转变择业观念，促进高校毕业生多渠道、多形式就业，逐步形成高校毕业生以市场就业为主、公职岗位就业为辅的就业新格局。完善双向激励政策，鼓励更多高校毕业生到企业就业和灵活就业，鼓励各类企业吸纳更多高校毕业生就业。”

5. 精准人才援藏

援藏对于西藏发展不可或缺。以干部援藏为主的时代已经到了该结束的时期，今后应当实施以人才援藏和产业援藏为主、干部援藏为辅的战略。对人才援藏实施针对西藏重点产业需求的“精准思维”。

第4节　研究结论

（1）现阶段西藏人才解决之道：一是面向重点产业需求；二是“精准思维”。

（2）西藏经济的长期可持续发展必须倚赖于针对产业发展的人力资源开发及科技人力资源开发。通过采取有效的战略、政策和措施，西藏具备解决重点产业人才问题的可行性。

（3）现阶段西藏适合采用“精准思维”，实施“精准人才战略”，以快速地缩小西藏人才与产业需求之间的缺口。

（4）本地人才是支撑产业经济发展的主力军，当前西藏着力点应当放在对面向产业需求的本地人才的“精准培养”上。在教育投入的选择上西藏要重点支持基础教育和职业教育的投入，对高等教育的投资则要保持适度规模，因此方可确保教育投入资金在支撑经济、社会发展方面发挥最大效益。

（5）领军人才、创新关键人才对产业发展和提升产业水平有不可替代作用。由于本地人才不足，西藏必须实施面向产业需求的“精准引进”。然而，让“水往高处流，人往西藏走”，不动脑筋，没有特殊的机制是不可能实现的。该特殊机制的力度必须能够起码有效抵消高原特殊地理环境的不利作用才算达到基本要求。

（6）人才的精准使用率关系到在西藏能够发挥作用的人才数量，即西藏真正的人才数量更多在于人才多大程度上被正确使用，发挥出作用。

第 6 章　战略、政策与措施建议

自治区人民政府对西藏人才的培养和引进一直在推进，取得了很大成就，但是由于西藏起点低，与经济、社会发展需求差距还很大。根据国内外发展经验以及前文对西藏现状的分析，我们提出了现阶段西藏人才解决之道：一是面向重点产业需求；二是“精准思维”。因此，建议自治区人民政府组织专门的专家团队，在精准思维的指导下进行“西藏产业精准人才战略规划”的编制，同时申请中央政府的协作支持。这项工作无疑是需要从中央到自治区都投入大量精力来协调推进的大事情。战略和政策制定的是行动大方向，措施是具体实施方法。本章提出一些具体的战略、政策与措施建议，供相关部门决策参考。

第 1 节　战略与政策

一、自治区层面

（一）政府必须扭转观念，调整战略，实施新政策

（1）在保障社会总体稳定的前提下，西藏的主要工作应当转移到促进产业发展上来，尤其是重点产业发展。自生能力的发展是长久地维持社会稳定的重要因素。

（2）“十三五”应当成为西藏从“输血”到“造血”战略转变的转折点。

① 自治区与中央共同进行“造血”愿景设计：制定西藏输血——→造血实现的路线图。

② 在自治区发展规划中设定以自身为基点的产业发展目标和与实现

路线图，设定以相似西部欠发达兄弟省份为参照的追赶目标。

③ 在发展规划中设定地方财政收入总增长目标，以及地方财政收入占财政总收入比重的总增长目标和年增长目标，逐年实现并考核。

（3）明确西藏未来以重点产业需求为导向的人才发展方向：教育、培训、人才引进、援藏、就业转向以产业需求为主要导向。

（二）从“十三五”开始着力推进“西藏产业人才供给侧建设与改革”

（1）进行面向重点产业发展的“产业人才供给侧建设和改革”的顶层设计。

（2）实施“精准思维”，将中央“精准扶贫”的思路转移应用到人才政策上。

（3）从5个方面建设西藏“产业人才供给侧”：人才培养、人才引进、人才使用、援藏人才、就业。

（4）组织深入调研各重点产业对科技人才的需求，制定以重点产业需求为导向的西藏“精准人才发展战略”。

（5）以培养和引进作为解决产业所需人才的两个主要抓手：培养为主，引进为辅齐头并进。

（三）制定和实施“产业精准人才培养战略规划”

（1）调整教育方针，以产业发展人才需求为导向培养和引导就业。

（2）制定“产业精准人才培养战略规划”。

（3）制定和实施围绕产业发展的“精准教育计划”：

① 明确西藏高等、中等和职业教育的定位。

② 教育专业要围绕产业需求设置：淡化高等院校中研究探索型和文科专业，重视农、工、理、医、管专业。

③ 扩大职业教育规模，按照产业需求增加职业学校。

④ 教育招生面向重点产业的精准需求。

⑤ 加大定向培养规模。

（4）重视创新创业人才培养。

（四）制定和实施“产业精准人才引进战略规划”

（1）根据各产业对人才的需求，制定“精准人才引进战略规划”，规划确定需要什么，引进什么。

（2）制定和实施“产业精准人才引进计划”。

（3）加大人才引进资金投入，调整资金使用比例。

（4）不妨争取让中央出台面向西藏的大胆的产业人才吸引政策。

（五）制定和实施“产业精准人才使用战略规划”

（1）制定“产业精准人才使用战略规划”。

（2）设立重点产业“产业精准人才使用基金”。

（3）针对重点产业企业设立用人补贴制度。

（4）支持创新创业活动。

（六）确定以促进重点产业发展为主的精准科技援藏人才需求

（1）根据西藏重点产业发展需求，向中央提出产业精准援藏人才需求。

（2）与对口援藏部门共同协商产业人才援藏规划。

（3）对口援藏单位要与西藏的部门联合，将各自的技术优势、产业优势与西藏的资源等优势结合起来，选派专业人员，共同做好技术研发示范、推广转化。

（七）改变就业政策导向

（1）着力转变社会就业导向：逐步停止实施“西藏大学生全就业政策”；逐步降低公招数量，减少政府岗位对在校大学毕业生中招考的比例；公招对有企业工作经历人员适当倾斜。

（2）着力创造产业就业渠道，引导毕业生到企业就业，支持创业。

（3）降低企业就业的岗位风险，按照企业聘用本地人数量给予企业一定用人成本补贴（包括工资补贴、失业保险等），降低企业用人成本，提升企业就业吸引力。建议申请中央政府财政转移支付进行补贴。

（4）出台本地生源高端人才使用政策。

（八）实施以西藏地方产业发展需求为导向的创新发展战略

（1）配合国家创新驱动战略，制定和推进西藏科技人才向面向产业的创新人才转变的战略。

（2）实施西藏特色的双创激励。

（九）加大投入

（1）加大教育投入、研发投入、待遇投入（工资、津贴、住房等投入）、人才引进投入。加大投入的力度必须能够有效抵消高原特殊地理环境的不利作用才能取得效果。西藏对人才队伍建设的投入力度必须比国内其他省区更大才，政策优惠的强度要以使抵消“高原效应”为准。

（2）建立和完善政府引导、用人单位为主、社会力量补充的多元化投入体系，特别是各级政府要切实加大对科技人才队伍建设工作的引导性投入和科技基础条件的公共投入。

（十）其他

（1）对产业人才实行有别于公务员、事业单位的特殊的优惠政策，特殊性体现在：对产业人才的生存保障（收入、家庭）、对企业用人成本的补偿、激励自我价值实现等。

（2）提高政策水平，防止“钻空子”者和“滥竽充数”者。

（3）建立评估机构，对政策实施效果进行滚动评估。

二、国家层面

（一）支持“西藏人才供给侧的建设和改革”

（1）顶层支持西藏推进面向重点产业发展的“人才供给侧建设和改革”。

（2）建立与自治区共商产业发展大计的机制平台。

（3）从高层专家层面支援西藏“产业人才供给侧建设和改革”的顶层设计。

（4）帮助西藏制定和实施“产业精准人才战略”。

（二）继续对口援藏战略，调整援藏重点及方式

（1）调整国家援藏政策。调整为以促进重点产业发展为重点。

（2）调整援藏资金重点。从基础设施项目援助转向产业促进援助。

（3）调整援藏人员结构比例。从以行政领导干部为主，逐步调整为以促进西藏产业发展为主要导向的行政干部、专业人员、教师的合理比例。

（三）推动发达地区企业和科技专家以西藏资源为基础要素进行创新创业

（1）从国家层面对以西藏资源为基础要素进行创新创业的人员、团队或企业予以奖励或税收减免。

（2）鼓励内地资金在西藏兴办职业教育和专业技能培训。

第2节 措施建议

一、自治区层面

（一）建立符合产业发展需求的人才促进长期平台机制

（1）面向重点产业发展需求设立“产业精准创新人才计划”。向产业人才倾斜支持。

（2）建议以基金方式运作，设立人才基金，对科技人才和团队支持常态化：

①优点：长期滚动，可持续；

②精准对人支持；

③人才分为三类：创新人才（领军、专家、团队）；创业人才；产业人才。

（3）设立双创人才发展基金，培养和扶持产业创新链中的领军人才。支持科技人才自行或联合转化实施具有产业化前景的科技成果。鼓励科研

院所、高等学校、事业单位科技人才在岗或离岗创办科技型企业，在资金和政策上给予优惠和支持。

（4）由自治区发改委、教育厅、科技厅、组织部门、人社厅等，共同筑建基于产业链的人才供应链、管理服务保障体系。

（二）培养人才

（1）设立“精准教育计划”：

① 按照重点产业需求调整高校和职业教育的专业设置，在高等教育和职业教育中更多增加适合西藏本地教育需求的专业。

② 组织编写和使用适合西藏本地教育需求的教材。

③ 加大招收定向培养的学生。

（2）调整教育投资方向：加大对基础教育和职业教育的投资，对高等教育的投入增长则要适度。

（3）调整职业教育就业重点，增加职业教育投资：

① 从城镇为主就业的职业教育模式向农村就业和重点产业就业为主，城镇为辅的职业教育模式转变。引导形成离土不离乡、就近就业发展模式。

② 政府兴办及鼓励社会资金参与兴办针对产业需求的职业教育和专业技能培训。

③ 增加针对重点产业需求的专业培训。

④ 与基础教育以理论教育为主不同，职业教育既需要理论师资，更需要实践师资，同时需要投入大量设备、实训基地及耗材等，职业教育作为以就业为导向的教育，其培养模式和培养目标决定了其教育费用或者成本要比普通高中的投入大得多。已有研究表明：在培养合格人才前提下，普通高中与职业教育的成本投入大概是 1∶3 的比例。

（4）着力提升人口基本素质：

① 针对西藏文盲率高的现状，加大藏民脱盲力度。

② 将提高人口平均“受教育年限”及“预期寿命”作为维护稳定和经济发展的具体手段，纳入西藏各级地方政府绩效考评的指标体系；提高农牧区医务和教育工作者的工资及福利待遇。

③ 在精准扶贫方式中以人员培训费替代扶贫费。

（5）推进面向产业的继续教育：目前西藏的继续教育主要是以提高学历为目的的党校教育为主，以专业继续深造或专业培训为目的的继续教育渠道非常少。

（三）吸引产业人才及科技人才

（1）采取系统、综合的手段提升西藏对产业人才及科技人才的吸引力：

① 提供值得奉献的事业平台，同时加大相关宣传和提高认知度。

② 确定西藏薪金比内地高的比例，并且与全国平均水平要经常性地比较、比差、补差，以保证此比例，保持西藏在薪金上对人才的吸引优势。

③ 提供像样住所：像样住所对人才的吸引力度。

④ 提升现有被留住人才对西藏的口碑评价。口碑对其他人具有最大的吸引力，绝不能“狗熊掰棒子”：引来了，又走了，劳而无功。

（2）以市场的方式吸引攻坚团队、技术团队、营销团队等。

（3）建立柔性引才机制和绿色通道，以双向挂职、项目合作、短期工作、专业技术指导等形式，吸引各类人才以多种方式参与西藏开发建设。

（4）加快提高产业集聚和城市化水平来集聚区域内外的人力资本。

（5）搭建产业发展的人才对接平台，配套相关政策，为内地人才提供“人尽其用”的舞台。

（6）对历届援藏人员进行有组织性地长期利用。历届援藏人员都有高原适应经历、了解西藏情况，非常适宜再利用。

（四）用好人才

（1）精准使用人才：长有所用。

（2）人才使用配套机制建设，解决人才留不住问题。

（3）稳定性支持人和团队、专项奖励。

（4）对专业技术人员的管理借鉴师资管理方式，严格执行规定，绝对不能轻易调动至管理岗位。

（5）对退休离岗人员进行有组织性的长期利用：由于“64 号文件”的执行，西藏大量 50 岁左右的工作人员享受政策福利退休离开岗位，而实际上他们处于人生经验最为丰富之时，也还算年富力强，对西藏情况有了解，并且适应高原气候环境。西藏如果完全放弃对这些人的利用，委实非常可惜。

（五）推动创新创业带动产业发展与就业

“大众创业、万众创新”，创业是带动就业的最有效手段。虽然西藏缺乏创新创业的技术、人才和手段，但是不缺乏创新创业所需的素材。西藏丰富的自然资源和文化资源蕴含着丰富的创新创业素材。

（1）设立西藏“双创人才计划”，其中设立创新人才和创新团队专项。

（2）设立“西藏激发创新创业资源平台”，以激发内地创新创业人才，以西藏的资源为基础创新素材和创业机会，来展现他们的能力与智慧。

（3）成立创新基金，入股投资小微企业。

（4）设立自治区创业发展基金，支持科技人才自行或联合转化实施具有产业化前景的科技成果。鼓励科研院所、高等学校、事业单位科技人才在岗或离岗创办科技型企业，在资金和政策上给予优惠和支持。

（5）引入弹性、柔性流动机制，鼓励和支持科技人才通过兼职、定期服务、技术开发、项目引进、科技咨询等方式，从事科技创新和科技服务。

（6）鼓励科技人才向企业和一线聚集，推动科技成果向现实生产力的转化。重点扶持一批特色优势明显、创新能力强、成果转化效率高的科技型企业，形成示范和带动效应。

（7）借鉴采用“科技创新券”，创新券是解决西藏中小微企业科技能力不足的一种制度创新，在国外诸多国家被广泛采用，可提高科技资源配置效率，实现科技资源的公平分配。创新券可帮助西藏企业解决整体创新不足的问题。

（8）对大学毕业生创业进行专项支持。

（9）大力支持“互联网+西藏资源”的轻型创新发展模式：如“互联网+农牧业”。

（10）名誉表彰和物质奖励在创新、创业中做出突出贡献的单位和个人。

二、国家层面

（一）设立“西藏产业人才基金”，支持产业和科技人才在西藏的创业

鼓励西藏创业：领军人才+资本+西藏特色资源⟶企业。

（二）加大中央财政转移支付中对西藏产业和科技人才的投入比例

（1）国家人才计划项目培养适度向西藏倾斜。

（2）使用中央政府财政转移支付对西藏企业用人成本进行财政补贴。

（三）统筹援藏资金和项目重点向产业和人才援助倾斜

（1）调整援藏人员结构比例：从行政领导干部为主调整为以促进西藏产业发展为导向以专业技术人员为主，确定专业技术人员、教师、行政干部的比例。

（2）支持人才精准援藏，紧密结合西藏产业需求派遣专业技术人员。

（3）支持针对重点产业发展的组团式援藏。

（4）鼓励对西藏产业发展贡献大的援藏人员干部连任、留任或调任西藏。

（5）在地方和部门的对口援藏中，增加“对口产业援藏”专项，规定援助资金、人员性质等。

（6）公开援藏项目及资金运作情况，援藏计划或项目在立项前征询社会和学界建议，结束后根据援助目标进行评估。

附件：问卷调查表及描述性分析

“西藏重点产业人才发展战略研究”问卷调查表

2015年第六次西藏工作座谈会确立了“依法治藏、富民兴藏、长期建藏、凝聚人心、夯实基础”20字原则。西藏要与全国同步实现小康，以财政转移支付为主的援藏模式必然不能长久，只有建立促进自身产业发展的新模式才是西藏未来可持续发展之路，而创新创业人才以及基础劳动力是支撑产业发展的最基础并最关键的要素。感谢您填写以下问卷调查，以帮助探索推动适应西藏产业发展的人才和劳动力机制，为中央和地方相关部门提供政策建议。(对于不了解的问题您可以选择填写“不了解”或者放弃填写)

1. 您是：[单选题] [必答题]

○汉族　　○藏族

○其他民族

2. 您在西藏工作或通过业务与西藏接触的时间 [单选题] [必答题]

○1~3年　　○4~10年

○10年以上　　○没有

3. 您目前工作单位的性质是：[单选题] [必答题]

○政府机关　　○事业单位

○科研机构　　○高等院校

○企业　　○自由职业者

○其他

4. 您是否有援藏干部经历：[单选题] [必答题]

○是　　○否

西藏重点产业调查

5. 为“富民兴藏、长期建藏”，从未来吸纳西藏地方的就业数量来讲，您认为以下产业的顺序可能是：[排序题，请在中括号内依次填入数字][必答题]

[ ] 农牧业　　[ ] 藏医药产业

[ ] 旅游文化产业　　[ ] 新能源产业

[ ] 其他产业

6. 从未来对地方经济发展的贡献期望来讲，您认为以下产业的顺序是：[排序题，请在中括号内依次填入数字][必答题]

[ ] 农牧业　　[ ] 藏医药产业

[ ] 旅游文化产业　　[ ] 新能源产业

[ ] 其他产业

7. 基于以上两者判断，您认为西藏自治区政府应当着力推动以支撑自治区经济社会长期、可持续发展的重点产业为：[多选题][必答题]

[ ] 农牧业　　[ ] 藏医药产业

[ ] 旅游文化产业　　[ ] 新能源产业

[ ] 其他产业

西藏支持重点产业发展的人才现状调查

8. 您认为目前开展的本地人才教育或培训手段为西藏产业发展提供的创新创业人才数量如何：[矩阵多选题][必答题]

	较多	一般	太少	不了解
高等教育	□	□	□	□
职业教育	□	□	□	□
中小学教育	□	□	□	□
各类专业培训	□	□	□	□
其他方式	□	□	□	□

提示：（*注：本研究所指的创业人才是依靠自身专长通过自筹、融资、合作等方式创业的人才，创新人才是指具有技术特长受聘为全职或兼职技术专家岗位的人才。）

9. 您认为目前开展的本地人才教育或培训手段为西藏产业发展提供的基础劳动力数量如何：[矩阵多选题] [必答题]

	较多	一般	太少	不了解
高等教育	□	□	□	□
职业教育	□	□	□	□
中小学教育	□	□	□	□
各类专业培训	□	□	□	□
其他	□	□	□	□

提示：(* 注：本研究所指的基础劳动力是指企业发展除了创新创业人才之外所需要的人力资源。)

10. 您认为西藏目前的人才教育培养方针是否需要按照产业发展的重点进行调整：[单选题] [必答题]

○是　　○否

11. 据了解国家出台了博士服务团、西部之光、院士专家西部行、西部千名学科带头人工程等一些人才培养和引进计划，您对此是否了解：[单选题] [必答题]

○了解　　○部分了解　　○基本不了解

12. 您认为以上这些计划对于支持或引领西藏产业发展发挥的作用如何：[多选题] [必答题]

□很大　　□一般　　□很小　　□不了解

13. 您认为西藏目前现有各类园区平台（拉萨国家级经济技术开发区、达孜工业园区、拉萨国家农业科技园区等）对于引领产业发展以及吸引产业发展需要的各类人才所发挥的作用如何：[矩阵单选题] [必答题]

	很大	一般	很小	不了解
引领产业发展	○	○	○	○
吸引产业发展所需人才	○	○	○	○

14. 您认为目前自治区最有成效的吸引人才政策是：[多选题]

□高原补贴　　□退休待遇

□特殊人才奖励　　□其他政策：__________

□不了解

15. 您建议自治区针对住进重点产业发展可采取什么样的特殊政策大力吸引相关人才：[填空题]

____

提示：(没有建议可以不填写)

16. 您认为目前国家和地方的对口援藏对于支持或引领产业发展发挥的作用如何：[矩阵单选题] [必答题]

	非常大	很大	一般	较小	很小	不了解
援藏干部	○	○	○	○	○	○
援藏项目	○	○	○	○	○	○

17. 在新常态下为推动西藏重点产业发展，您认为国家或各对口援藏省份的援助重点或方式是否需要调整：[单选题] [必答题]

○援助重点需要调整　　○援助方式需要调整

○援助重点和方式都需要调整　　○都不需要调整

○不知道

创新创业人才发展调查

18. 假设您是企业家或准备创业成为企业家，您认为：[矩阵单选题] [必答题]

问题	是	否
排除高原气候环境因素，是否愿意在西藏发展	○	○
在西藏本地是否基本可以找到满足企业发展所需求的基础劳动力	○	○
是否可以在西藏本地找到或从外地引进到基本满足企业发展所需求的技术人才	○	○
在西藏本地或从外地能否引进到基本满足企业发展所需求的管理人才	○	○

19. 在西藏发展企业的主要优势在于：[多选题] [必答题]

□资源独特　　□政策条件优惠

□市场竞争相对较弱　　□机会多　　□其他

20. 在西藏发展企业的主要障碍在于：[多选题][必答题]

☐找不到需要的人员　☐投资难找

☐合适的项目难找　☐市场窄前景不好

☐地方管理理念落后　☐政府办事效率低

☐气候条件恶劣　☐其他

21. 假设您是科研专家或技术创新人才，您认为排除高原气候环境因素，您是否愿意在西藏实现个人价值：[单选题][必答题]

○是　○否

22. 作为科研专家或技术创新人才，您认为在西藏发展的优势在于：[多选题][必答题]

☐竞争相对较低　☐收入高　☐机会多

☐具有挑战性　☐其他

23. 作为科研专家或技术创新人才，您认为在西藏发展的劣势在于：[多选题][必答题]

☐没有合适发挥能力的单位或企业　☐缺乏创新环境

☐环境对身体影响太大　☐其他

24. 假设您在西藏工作或是有意愿来西藏发展，您认为让您留在西藏的理由是[排序题，请在中括号内依次填入数字][必答题]

[　]政策发展环境的吸引力　[　]自然环境的吸引力

[　]人文环境的吸引力　[　]价值实现的激情

[　]养家糊口不得已　[　]其他

25. 假设您目前在西藏却非常想离开西藏，或者想来西藏发展却经权衡最终放弃，您认为其中的原因是[排序题，请在中括号内依次填入数字][必答题]

[　]人文环境不适合　[　]自然环境不适应

[　]政策环境不利于发展　[　]收入不符合预期

[　]家庭原因　[　]观念或理念

[　]其他原因

问卷回收描述性分析

通过网络及微信渠道发放问卷调查表最终回收有效问卷386份。被调查者中汉族占72.3%，藏族占25.7%，其他民族占2.0%。在西藏工作或通过业务与西藏接触的时间达10年以上的被调查者占45.9%，4~10年的占23%。被调查者来自企业的达到25.9%，来自政府机关的占22.0%，来自事业单位的占26.7%，科研机构6.5%，高等院校10.9%。援藏干部占15.8%。

参考文献

[1] 曹志翔，师学萍．西藏大学生就业问题研究［J］．西藏科技，2009（10）：12-13.

[2] 陈黎．落后地区科技发展的低投入陷阱的对策研究［J］．科技管理研究，2010（17）：39-41.

[3] 陈伟．转变就业指向促进西藏中职教育发展［J］．西藏教育，2015（10）：45-48.

[4] 顾正纲．西藏提前退休政策的影响分析［J］．时代经贸，2012（26）：240-241.

[5] 刘辉．从国外落后地区开发看缩小我国区域差距［J］．研究，2007（2）：114-116.

[6] 欧文福．美国西部开发中的教育与人力资源开发及其启示［J］．中国教育学刊，2005（4）：55-58.

[7] 贾冀南．中国西部地区经济增长的人力资本集聚机制：增长理论和国际经验［D］．保定：河北大学，2009.

[8] 李瑞林，武友德．落后地区产业集群研究综述．学术探索，2006（6）：38-41.

[9] 汤荣敏，贾冀南，马成举．中国东西部地区人力资本流动的原因分析与对策探索［J］．农业经济，2011（1）：94-96.

[10] 宋瑞，普布次仁，王生彦．西藏高校毕业生就业制度改革的现状分析及对策思考［J］．西藏研究，2010（4）：100-111.

[11] 王德芳，许可峰，孙淑文．西藏就业形势对西藏藏族大学生学习影响的调查研究：以西藏民族学院250名藏族大学生的调查为例［J］．西藏研究，2013（5）：111-120.

[12] 王生彦．就业制度改革后西藏自治区大学生就业现状分析及对策研究［J］．西藏大学学报，2008，23（1）：116-121.

[13] 王树进，支苏平．科技向欠发达地区转移的理论与方略［J］．中国科技论坛，2005（4）：118-121.

[14] 西藏自治区“十三五”时期国民经济和社会发展规划纲要［Z］．2016-04.

[15] 西藏自治区统计局．西藏统计年鉴 2016［M］．北京：中国统计出版社，2016.

[16] 西藏自治区统计局．西藏统计年鉴 2015［M］．北京：中国统计出版社，2015.

[17] 西藏自治区“十三五”时期国民经济和社会发展规划纲要［N］．西藏日报，2016-04-24.

[18] 西藏自治区人民政府办公厅．西藏自治区 2015 年政府工作报告［R］．2015-1-18.

[19] 西藏自治区高校毕业生 2015 年度就业质量报告［EB/OL］．［2016-1-14］．http：//www.xzedu.com.cn/dongtai/info/20160114192812.shtml.

[20] 西藏出台高层次人才引进办法［N］．中国组织人事报，2015-10-10.

[21] 肖铖，罗玉正．西藏高校藏族大学生就业胜任力现状调查［J］．西藏大学学报：自然科学版，2015（1）：88-91.

[22] 肖彩波，刘红卫．西藏高校毕业生就业现状及相关问题研究［J］．绵阳师范学院学报，2015，34（9）：44-50.

[23] 谢磊．落后地区人才引进的系统反思［J］．广西社会科学，2004（9）：170-171.

[24] 许可峰．论西藏高等教育发展的速度和规模：兼论“就业援藏”政策的意义［J］．民族教育研究，2014，25（1）：11-19.

[25] 杨力源．新时期西藏非公有制经济发展的回顾与展望［J］．西藏科技，2015（10）：12-16.

[26] 杨玉美．“全就业”背景下西藏高校大学生就业价值取向分析［J］．中国校外教育（上旬刊），2015（10）：15-16.

[27] 袁志彬．把握西藏的阶段特征，促进经济跨越式发展［N］．中国经济时报，2014-11-26（A11）.

[28] 赵荣凯．国外利用科技促进落后地区发展的经验对我国的借鉴作用［D］．北京：中国科学技术信息研究所，2003.
[29] 朱列．发达国家少数民族地区经济追赶浅析［J］．沿海企业与科技，2009（11）：7-9.

后　记

本项目研究于2016年5月完成。从课题完成到本书出版的这段时间，作者欣喜地看到，西藏自治区人民政府正在陆续出台一些新的政策推进产业和人才发展。2017年3月自治区人民政府决定投入百亿资金推动设立自治区优势产业发展的引导基金、风险投资基金、融资担保基金等，大力推动旅游业、清洁能源业、金融业、天然饮用水产业、民族手工业、新型建材和矿产业六大支柱产业，以及高原优质特色农业、农畜产品加工业、藏医药业和特色文化产业四大特色产业发展。同时，自治区人民政府积极推动就业和创业，开发就业岗位，制定优惠政策。例如，2017年5月，自治区决定建立20亿元创业就业扶持基金，对高校毕业生到区内企业就业、自主创业和区外企业就业，且满一定年限的，分别给予以下一些政策支持：对在区内企业就业的高校毕业生，给予最长5年的生活和住房补贴；高校毕业生自主创业的，按每人5万元、每户最高20万元给予启动资金支持，以及最长10年的住房公积金补贴。我们相信，当产业成为西藏未来发展的重点，同时人才政策向产业倾斜时，西藏就离实现国家“富民兴藏，长期建藏”目标近了一步。本书在出版前对相关统计数据进行了更新。希望本书的出版能够为持续推动国家这一战略方针的实施贡献一点力量。